वसंत के हत्यारे

[कथा संग्रह]

वसंत के हत्यारे

हृषीकेश सुलभ

राजकमल प्रकाशन

ISBN : 978-81-267-1786-6

मूल्य : ₹299

पहला संस्करण : 2009
दूसरा संस्करण : 2018

प्रकाशक : राजकमल प्रकाशन प्रा. लि.
1-बी, नेताजी सुभाष मार्ग, दरियागंज
नई दिल्ली-110 002

शाखाएँ : अशोक राजपथ, साइंस कॉलेज के सामने, पटना-800 006
पहली मंजिल, दरबारी बिल्डिंग, महात्मा गांधी मार्ग, इलाहाबाद-211 001
36 ए, शेक्सपियर सरणी, कोलकाता-700 017

वेबसाइट : www.rajkamalprakashan.com
ई-मेल : info@rajkamalprakashan.com

मुद्रक : बी.के. ऑफसेट
नवीन शाहदरा, दिल्ली-110 032

VASANT KE HATYARE
Stories by Hrishikesh Sulabh

अपने मित्र

सुधांशु शेखर त्रिवेदी

और

सरिता भाभी

के लिए

अनुक्रम

भुजाएँ

अष्टभुजा लाल को अपने बीते हुए दिनों के बारे में सोचना अच्छा नहीं लगता। बीते हुए दिनों की बात याद आते ही उन्हें मितली आने लगती है। उन्हें लगता है, जैसे अपनी पत्नी के वार्डरोब में बंद हो गए हों! इस वार्डरोब की याद उनके लिए किसी बजबजाते दुर्गन्धमय नाले में गिर जाने की तरह यातनाप्रद होती है। इस यातना से मुक्ति के लिए वह लगातार हाथ-पाँव मार रहे हैं। आकुल-आहत छटपटा रहे हैं। जब से उन्होंने अपनी पत्नी का वार्डरोब देखा है, जीवन के बीते हुए दिनों के अजीब-अजीब चित्र उनके मन में बनते हैं। किसी डरावने स्वप्न की तरह यह वार्डरोब उनके दिलो-दिमाग़ पर छाया हुआ है।

पिछले दिनों पत्नी के मायका-प्रवास के दौरान वार्डरोब की चाबी उनके हाथ लग गई। पत्नी उसे साथ ले जाना भूल गई थीं। बिना किसी दुर्भावना के, मात्र कौतूहलवश उन्होंने वार्डरोब खोलकर देखना चाहा कि आख़िर क्या-क्या सहेज-छिपाकर रखा है श्रीमती कुसुम कुमारी ने!...और अष्टभुजा लाल ने मुसीबत मोल ले ली। न देखते, तो शायद उनके जीवन के बीते हुए दिनों के बरअक्स यों बार-बार पत्नी का वार्डरोब नहीं आ खड़ा होता। बजबजाते हुए दुर्गन्धमय नाले में गिरकर निकलने के लिए हाथ-पाँव मारने की-सी यह यातना उन्हें नहीं मिलती।

उस दिन पत्नी के वार्डरोब में उन्हें तरह-तरह की चीज़ें मिली थीं। वार्डरोब खोलते ही उन्हें लगा था कि आज कोई अनहोनी घटने वाली है। वह हाथ डालते झिझक रहे थे। वह जब-जब अपना हाथ खींचते, एक-दूसरे में लिपटी-गुँथी चीज़ें बाहर निकल आतीं और अष्टभुजा लाल उलझकर रह जाते। वह अपने को कोसते, अपना माथा पीटते और ख़ुद अपनी लानत-मलामत करते हुए वार्डरोब में फँसे थे। उनके सामने बिखरी थीं वार्डरोब से निकली चीज़ें—मसलन, शादीशुदा बड़ी बेटी धन्नी के बचपन के दिनों की दूधवाली बोतल...जवान होकर विवाह की प्रतीक्षा में ठिठकी हुई चौबीसवर्षीया दूसरी बेटी बन्नी के बचपन के दिनों का पुराना फ़्रॉक और जाँघिया...पत्नी के दो-दो पुराने हुकविहीन ब्रा...आरज़ू-ताजमहल-मेरे महबूब

जैसी पुरानी फ़िल्मों के गानों की क़िताबें...शृंगार-प्रसाधन की कुछ ख़ाली शीशियाँ...उनकी प्रचण्ड जवानी के दिनों की एक श्वेत-श्याम तस्वीर, जिसमें उनकी गरदन में छींटवाली टाइ लटकी हुई थी और ज़ुल्फ़ें देवानंद की तरह ऊपर उठी थीं। और इसी वार्डरोब में उन्हें मिला था...। श्रीमती कुसुम कुमारी के इस फूहड़पन ने उनके जीवन की शक्लो-सूरत ही बदल दी थी। उन्हें अपना तमाम जीवन फूहड़ दिख रहा था। यहाँ तक कि उन्हें अपने नाम से भी चिढ़ होने लगी थी। अपने नाम का सम्बोधन सुनते ही उनकी इच्छा होती कि वह पुकारनेवाले का मुँह नोच लें।

अष्टभुजा लाल के नाम की कथा के सूत्र उनके जन्म की कथा में छिपे थे। उनके जन्म के पूर्व से जन्म तक की स्थितियाँ उलझी हुई थीं। उन्हें अपने घर में पैदा करने के लिए उनके माता-पिता के संघर्ष ने उन्हें यह नाम दिया था। उनकी माता मानोदेई दुर्लभ सौन्दर्य और व्यक्तित्व की स्वामिनी थीं। सत्रह वर्ष की उम्र तक अपने मायके के घर-आँगन में कोयल-सी कूकती रहनेवाली मानोदेई को उनके क़ातिब पिता ने जब झूलन लाल के हवाले किया, उनका अपना घर-आँगन सूना हो गया,...और दूसरी ओर छपरा कचहरी के नामवर वकील बाबू हनुमंत सहाय के मुख़्तार झूलन लाल का घर-आँगन मानोदेई की उपस्थिति के चलते कलरव से भर उठा। विवाह के बाद माह भर तक युवा झूलन लाल न तो कचहरी गए और न ही वकील साहब के निवास। खस्सी का सालन पकवाकर खाते और मानोदेई की झुनकीदार पायल की रुनझुन के पीछे-पीछे डोलते फिरते। जब मानोदेई को उल्टियाँ आने लगीं और बहू को आनेवाली इन उल्टियों का स्वागत सास ने सोहर के बोलों से किया, तब झूलन लाल ने कचहरी की सुध ली।

लगभग आठ वर्ष में ताबड़तोड़ सात बेटियों को पैदा करने के बाद जब पच्चीस की हुईं मानोदेई, तो धीरज ने झूलन लाल का साथ छोड़ दिया। गहन निराशा के अंधकूप में गिर पड़े तैंतीसवर्षीय मुंशी झूलन लाल। सात बेटियों में से पहली दो साल तक जीवित रहने के बाद चल बसी। दूसरी और तीसरी बेटियों ने एक-एक वर्ष तक झूलन लाल के आँगन में बाल-लीला करने के बाद इस दुनिया से नाता तोड़ा। चौथी और पाँचवीं ने कुछ घंटों तक इस धरती को पवित्र करने के बाद पयान किया। मानसिक रूप से विकलांग छठी पुत्री भी मानोदेई की कोख की लाज बचाने के लिए जीवित नहीं रह सकी और सातवीं के गर्भ में आते ही

उसने साथ छोड़ दिया। सातवीं बेटी के मृत पैदा होने के बाद झूलन लाल नगर के बाहर सरयू-तट पर बने सिद्ध शक्तिपीठ अष्टभुजा मंदिर पहुँचे। मंदिर की देहरी पर माथा पटककर उन्होंने माता अष्टभुजा से पुत्र की कामना की और माता को वचन दिया कि जब तक जीवित रहेंगे, सुबह-शाम दोनों वक़्त माता के दरबार में हाज़िरी लगाने आएँगे। उसी रात माता अष्टभुजा ने उन्हें स्वप्न में दर्शन दिये और आशीर्वाद भी। माता अष्टभुजा लोप हुईं और उनकी नींद खुली। माता के दर्शन की ख़ुशी में विभोर वह प्रसूति-गृह पहुँचे। रक्तहीन देह लिये मानोदेई मृतप्राय पड़ी थीं। झूलन लाल ने पत्नी के ललाट पर हाथ फेरा। मानोदेई ने आँखें खोलकर पति को देखा। स्वप्न में माता के दर्शन और आशीर्वाद की सूचना प्राप्त की और सूनी आँखों से बड़ी देर तक पति को निहारती रहीं। उनकी आँखों में याचना थी। कसाई से जान की भीख माँगती बकरी की आँखों की-सी याचना।

इस रात के आठ वर्ष बाद झूलन लाल की आठवीं संतान के रूप में मानोदेई ने अष्टभुजा लाल को जन्म दिया। पर इस शुभ घड़ी के साक्षी नहीं बन सके झूलन लाल। लम्बे समय तक माता के दरबार में हाज़िरी लगाते, चाकरी बजाते झूलन लाल निराश हो चुके थे। संतान-सुख नहीं पाने की इस निराशा से उन्होंने अपने लिए एक अलग संसार बसा लिया था। बहुत कम बोलते। चुपचाप सूनी आँखों से घंटों आसमान निहारा करते। कचहरी जाने की इच्छा नहीं होती, पर जीविकोपार्जन के लिए जाना पड़ता। मुवक्किलों से जो मिलता, बिना हील-हुज्जत के ले लेते। उनके चारों तरफ़ निराशा-ही-निराशा पसरी रहती थी।...और ऐसी ही एक सुबह जब वह मंदिर से पूजा करके लौटे, मानोदेई ने उन्हें अपने गर्भवती होने की सूचना दी। यह सूचना पाकर पहले तो वह प्रसन्न हुए, फिर उन्होंने मरी हुई सातवीं बेटी के जन्म के बाद वाले वर्षों के एक-एक दिन को याद किया। अपनी स्मृति पर लगातार दबाव बनाए रखने के बाद भी वह उस क्षण की स्मृति को नहीं ढूँढ़ पाए। उन्होंने अपने बीते हुए इन वर्षों का कोना-कोना तलाश किया। ढूँढ़ते-ढूँढ़ते उनका दिमाग़ थककर चूर हो गया, पर उन्हें वह क्षण नहीं मिला। अंततः उन्होंने पत्नी से पूछा। मानोदेई ने कुछ भी नहीं छिपाया। सब कुछ साफ़-साफ़ बता दिया।...और तब उनकी नज़र अपने ममेरे भाई बचनू लाल पर पड़ी, जो पिछले एक वर्ष से उनके घर स्थायी मेहमान की तरह रहते हुए कचहरी में मुहर्रिर के काम पर लगे हुए थे। झूलन लाल ने पत्नी को भर आँख देखा। सातवीं बेटी के बाद ठठरी काया लिये प्रसूति-गृह से निकलने वाली मानोदेई की सूरत उनकी आँखों के सामने उभर आई। वह बहुत देर तक मानोदेई को घूरते रहे। उनके चेहरे की गोरी पारदर्शी त्वचा के नीचे दमकती लहू की आभा, बड़ी-बड़ी

कजरारी आँखों की क्षिप्र भंगिमाओं, वक्षों के बोझ से लचकती क्षीण कटि और भारी नितंबों को निहारते रहे झूलन लाल। पिछले वर्षों में अपने लिए अर्जित निराशा को उन्होंने बार-बार तौलने का प्रयास किया। मानोदेई ने रूप की जो दमक और देह का जो सौष्ठव अर्जित किया था, उससे अपने अर्जन की तुलना करते हुए लगभग माह भर जीवित रहे झूलन लाल।...और एक रात अष्टभुजा मंदिर से पूजा करके लौटे और चिरनिद्रा में सोने चले गए। गर्भ की अवधि पूरी हुई। मानोदेई ने पुत्र को जन्म दिया। झूलन लाल ने स्वर्ग से ही माता अष्टभुजा को प्रणाम करते हुए इस कृपा के लिए धन्यवाद ज्ञापित किया। सात बेटियों के जन्म के आठ वर्ष बाद आठवीं संतान के रूप में माता अष्टभुजा की कृपा से पैदा हुए अपने पुत्र का नाम मानोदेई ने अष्टभुजा रखा। प्रकृति, भाग्य और समाज पर विजय के बाद इस नाम को मानोदेई ने बहुत गौरव के साथ अपने पुत्र को सौंपा था। यह नाम अष्टभुजा लाल के पिता की धार्मिक आस्थाओं और माता के संघर्ष का प्रतिफल था। अनजाने में ही अपने जिस नाम की चर्चा करते अघाते नहीं थे अष्टभुजा लाल, वही नाम उन्हें काट खाने को दौड़ रहा था।...उस वार्डरोब ने उनके जीवन में उथल-पुथल मचा दी थी।

श्रीमती कुसुम कुमारी पूरे कुनबे सहित मायका-प्रवास से वापस लौटीं। वह अपने बड़े भाई के छोटे सुपुत्र के विवाहोत्सव में शामिल होने छोटी बेटी बन्नी के साथ पटना गई थीं। बड़ी बेटी धन्नी भी पति और बच्चों सहित ममेरे भाई की शादी में शामिल होने वहाँ पहुँची थी।...सो बेटियों, दामाद और दौहित्रों को साथ लिये वापस लौटीं श्रीमती कुसुम कुमारी।

रविवार का दिन था। अष्टभुजा लाल बिना कुछ खाए-पिए पेट के नीचे तकिया दाबे औंधे मुँह पड़े थे। कॉलबेल की आवाज़ सुनकर उठे। दरवाज़ा खोला। पत्नी को तिरछी आँखों से देखा। इसके पहले कि लोग पाँव छूकर आशीर्वाद लें, अष्टभुजा लाल तेज़ झटके से मुड़े और बाथरूम में घुस गए। दस दिनों से ख़ाली बरतन की तरह ढनढनाता हुआ घर, घर लगने लगा। दोनों दौहित्रों की धमाचौकड़ी का संगीत गूँज रहा था। उमगते यौवन को जैसे-तैसे सहेजकर कुँवारेपन के दिन काटती बन्नी का दुपट्टा पूरे घर में लहरा रहा था। पाँच वर्ष के वैवाहिक जीवन में दो बेटों को जन्म देकर विशाल उदर और भारी नितंबों को अर्जित करनेवाली धन्नी हाथ-पाँव छितराए तख़्त पर पड़ी सिरदर्द से कराह रही थी। बैंक में मुलाज़िम

दामाद मुकुंद बिहारी वर्मा ड्राइंगरूम में सोफ़े पर बैठकर अपनी साली बन्नी के दुपट्टे की छाया के पीछे खोजी और जीभचटोर बिलाव की तरह आँखें दौड़ा रहे थे। श्रीमती कुसुम कुमारी सूटकेस और बैग खोलकर मायके से मिले उपहार निकालने में व्यस्त थीं।...बूँदी के लड्डू...चुनरी प्रिंट की साड़ी...बन्नी के लिए सलवार-शमीज़ का कपड़ा और पति के लिए कुर्ता-पाजामे का कपड़ा। धन्नी के परिवार का कपड़ा उसके सूटकेस में था। श्रीमती कुसुम कुमारी विजेता की तरह लौटी थीं। तीस वर्ष पहले छूट गए मायके से आज के ज़माने में इतना वसूलकर लौटना आसान काम नहीं था। और वह भी तब, जब भौजाइयाँ चंट हों और भाई गुलामों की तरह उनके पीछे-पीछे दुम हिलाते फिर रहे हों। हालाँकि अष्टभुजा लाल के लिए कपड़े के नाम पर दम साध लिया था भौजाइयों ने। अंततः पति की मृत्यु के बाद मिलनेवाली सरकारी पेंशन की निजी राशि से श्रीमती कुसुम कुमारी की माँ ने उत्सव में अनुपस्थित दामाद के लिए कपड़ा ख़रीदकर दिया। अष्टभुजा लाल बाथरूम से निकले। अपने आगे पंसारिन की तरह दुकान लगाए फ़र्श पर पालथी मारकर बैठी पत्नी को देखा और आगे बढ़ गए। श्रीमती कुसुम कुमारी ने कहा—"सुनो! तुम्हारे लिए भाभी ने कपड़ा दिया है। कुर्ते के लिए मलमल..."

"मेरे लिए?" अष्टभुजा लाल मुड़े। पत्नी को घूरकर देखा। फिर पूछा—"दिया है या तुम माँगकर लाई हो?"

गोली निशाने पर लगी और आर-पार कर गई। पति के इस सधे हुए हमले से श्रीमती कुसुम कुमारी के पाँव उखड़ गए। वह हकलाती हुई बोलीं—"आख़िर बात क्या है? आई हूँ तब से देख रही हूँ कि मुँह फुलाए हुए हो। न हूँ, न हाँ। बच्चों तक से कुशल-क्षेम नहीं पूछा।"

"अब मायके का प्रपंच समेटो और उठो। मायके की सम्पत्ति देखकर जुड़ाते रहने के लिए बहुत उमर बाक़ी है अभी। देखकर जुड़ाते रहना...पहले चाय दो।"

अष्टभुजा लाल ड्राइंगरूम की ओर मुड़े। दामाद ने आकर पाँव छू लिये। उन्होंने दामाद को दोनों बाँहों में भरकर स्नेह किया और अपने कमरे की ओर मुड़ गए। गोला दाग़ने के बाद तोप की नली पीछे खींचकर मानो तोपगाड़ी मुड़ गई हो। श्रीमती कुसुम कुमारी धराशायी हो चुकी थीं। पाँव छितराए, हाथ पर हाथ धरे श्वसुर-दामाद के मिलन को टुकुर-टुकुर निहारती रहीं। उन्होंने उठने की कोशिश की, पर उस क्षण उठ नहीं सकीं। देह जैसे धरती से चिपक गई थी।

दिन जैसे-तैसे गुज़रा। धन्नी ने सिरदर्द के बहाने खर्राटे भरने में पूरा दिन गुज़ारा। मुकुंद बिहारी वर्मा और बन्नी जीजा-साली के बीच परिहास के सहज सम्बन्ध की आड़ में एक-दूसरे के साथ शतरंज के खिलाड़ियों की तरह चालें चलते

रहे। बन्नी का दुपट्टा लहराता रहा और बैंक बाबू उसके दुपट्टे की हवा के झोंको से इधर-उधर उड़ते रहे। अष्टभुजा लाल ने पत्नी से मुँह मोड़ते हुए दौहित्रों के साथ मन बहलाने की कोशिश की। उनकी भोली शरारतों और चंचलता पर खुलकर हँसना चाहा, पर पत्नी के वार्डरोब में छिपा सत्य बार-बार उनके कलेजे में बमगोले की तरह फूटता और वह लहूलुहान हो जाते।

श्रीमती कुसुम कुमारी दिन भर व्यस्त रहीं। इस व्यस्तता के बीच मायके की स्मृतियाँ उनका पल्लू पकड़े रहीं।

तीस वर्ष के बाद पुराने जख़्म एक बार फिर से लहलहा उठे थे। हालाँकि बन्नी की पैदाइश के बाद तक वह निरंजन सहाय की छाया के साथ जीती रही थीं। बहुत कठिन थे वे वर्ष। किसी की छाया साथ लिये, किसी दूसरे के साथ जीना, तिल-तिल छीजकर मरने के सिवा और कुछ नहीं होता। जीने की कोशिश में ऐसे ही मरते-मरते उन्होंने बहुत मुश्किलों से निरंजन सहाय को स्थगित किया था। बेटियों के लालन-पालन में उलझकर जीना शुरू किया और धीरे-धीरे इतना समय काट लिया।...पर बोतल में बंद जिन्न जैसे ढक्कन तोड़कर बाहर निकल आया हो, वैसे ही इस बार नीरू ने...। नीरू! निरंजन को वह प्यार से नीरू कहती थीं। थीं क्या, आज भी कहती हैं। उस दिन भी तो यही निकला था उनके मुँह से।

हवा में उड़ते रुई के फाहों की तरह नीरू की स्मृतियाँ उड़ने लगी थीं। वर्षों तक निःस्तब्धता के झुरमुटों में छिपे रहने के बाद श्रीमती कुसुम कुमारी का मन बाहर निकल आया था।...अभी भी वैसे ही मुस्कुराता है नीरू। वैसे ही शब्दों पर वजन देकर बोलता है। गर्वीले सांड की तरह उसकी चाल वैसी ही है। वह औरतों की भीड़ के बीच बैठी थीं और वह पहचान गया। भीड़ में घुसकर सामने खड़ा हो गया। उनके मुँह से निकला 'नीरू'...और नीरू ने उन्हें भर आँख देखा था—जैसे कोई ड्रिलर चट्टान को ड्रिल कर रहा हो! वह भी चट्टान की तरह कठोर बनी रहतीं तो शायद...। पर ऐसा हुआ कहाँ? नीरू की एक नज़र ने उन्हें मोम कर दिया था। उन्होंने आँखें झुका ली थीं।

"कुसुम! इधर आओ।" नीरू ने आवाज़ दी थी।

श्रीमती कुसुम कुमारी उठकर यंत्रवत् उसके पीछे चलीं। बरामदे के सामने सहन में कुर्सियाँ लगी थीं। दो कुर्सियाँ खींचकर पहले उन्हें बैठने को कहा। फिर ख़ुद बैठा और ढेरों बातें करता रहा। बच्चों और पति के बारे में पूछा। पति के

नहीं आने का कारण जाना। धन्नी, बन्नी, दामाद और दौहित्रों को बुलवाकर मिला। अपने बारे में बताया कि एक बेटी और दो बेटे हैं। बेटी की शादी हो चुकी है। बड़ा बेटा विवाह के बाद विदेश में बस गया। छोटे ने इसी साल बैंक की नौकरी ज्वाइन की है। साथ ही रहता है। पत्नी चार साल पहले गुज़र गईं। अच्छी प्रैक्टिस है। वकालत के पेशे के चलते निकलना कम होता है। उसके पिता नवरंग सहाय अभी जीवित हैं। अस्सी के ऊपर जा चुके हैं। साथ ही रहते हैं। उनकी सेवा के लिए एक फुलटाइम नर्स है...।

श्रीमती कुसुम कुमारी कभी उसके प्रश्नों के जवाब देतीं, कभी उसकी बातें सुनते हुए पुराने दिनों की कोई स्मृति-छवि पकड़ने लगतीं,...तो कभी उसकी किसी बात पर मुस्कुराकर नज़रें झुका लेतीं। बहुत देर तक दोनों साथ बैठे रहे थे। इस बीच बन्नी चाय दे गई थी। चाय ख़त्म करके श्रीमती कुसुम कुमारी ने पूछा था—''अभी तो तुम रुकोगे?''

''हाँ, परसों बहूभोज के बाद देर रात की ट्रेन से निकलूँगा।...कुसुम! शादी-विवाह का घर है, फिर फ़ुर्सत मिले, न मिले। एक बात कहना चाहता हूँ।'' नीरू के स्वर में गम्भीरता थी।

काँप उठी थीं श्रीमती कुसुम कुमारी। ''बोलो।''

''बन्नी को मुझे सौंप दो। छोटे सुपुत्र के लिए लड़की ढूँढ़ने के अभियान पर भी निकला था। पता था कि तुम आ रही हो। बन्नी के बारे में तुम्हारी माँ से फ़ोन पर जानकारी मिली थी।...पहले तो सोचा था, मेरा बेटा है, सो ज़रूर इश्क़ का कीड़ा उसके भीतर होगा और कहीं न कहीं गुल खिलाएगा ही।...पर नालायक़ निकला।...हाँ, दहेज़ ज़रूर लूँगा।'' नीरू के होठों पर मुस्कान थी।

''क्या लोगे?''

''समधिन चाहिए दहेज़ में।'' एक ज़ोरदार ठहाका लगाया था बाबू निरंजन सहाय एडवोकेट ने।

श्रीमती कुसुम कुमारी ने मुस्कुराते हुए नज़रें झुका ली थीं और हौले से उनके होठ काँपे—''छपरा जाकर ख़त लिखूँगी।''

मायका-प्रवास का एक-एक क्षण यादगार बनता गया। भीड़ के बीच हर क्षण नीरू की आँखें श्रीमती कुसुम कुमारी का पीछा करती रही थीं। हर रस्म पर जब भी वह सजती-सँवरतीं, उनकी भी इच्छा होती कि नीरू देख लेता! और होता भी यही,

जैसे बाबू निरंजन सहाय इस क्षण की प्रतीक्षा कर रहे होते और अचानक प्रकट हो जाते! बहूभोज की रात, भीड़ में नीरू की आँखें सिर्फ़ उनके पीछे ही घूमती रहीं। लेसर किरणों की तरह उनके भीतर उतरती रहीं नीरू की आँखें।

श्रीमती कुसुम कुमारी के मन का कोना-कोना दीपित हो उठा था। असंख्य कंदीलों के प्रकाश से जगमगा उठे से मन के गह्वर। अपने विवाह के बाद आरंभिक दिनों में उनकी आँखों से बहे आँसू के क़तरे फूल बनकर खिल उठे थे,...उनके मन के आकाश में जगमगा रहे थे। आह्लाद से भरी हुई छपरा लौटी थीं श्रीमती कुसुम कुमारी। सोचा था, घर पहुँचते ही पति को यह ख़ुशख़बरी देंगी। उन्हें विश्वास था कि लड़का ढूँढ़ने और दहेज़ जुटाने की त्रासद यातना से मुक्ति का यह संदेश पति को आह्लाद से भर देगा। पर यहाँ तो मौसम ही बदला हुआ था। श्रीमती कुसुम कुमारी दिन भर पति से संवाद स्थापित करने की कोशिश करती रहीं, पर अष्टभुजा लाल ने नाक पर मक्खी नहीं बैठने दी। वह पीछे-पीछे घूमतीं और अष्टभुजा लाल दुलत्ती झाड़कर किनारे हो जाते।

रात हुई। खाने की मेज पर सब लोग एकत्र हुए। धन्नी के बेटे पहले ही खाकर सो चुके थे। अष्टभुजा लाल बे-मन से रोटी के टुकड़े कुतर रहे थे। पत्नी ने जानना चाहा, ''तबीयत तो ठीक है?''

अष्टभुजा लाल के घाव अनगिनत सूर्यों की तरह जल उठे। उन्होंने आग उगलती आँखों से पत्नी को घूरा और थाली सरकाकर उठ गए। श्रीमती कुसुम कुमारी आगे थाली लिये ठगी-सी बैठी रहीं। पिता के जाने के बाद बन्नी ने वातावरण को सहज बनाने के लिए जीजा को छेड़ा, तो धन्नी ने रंग दिखाया। दिन भर बे-रोकटोक बन्नी के साथ चुहल करते रहने की छूट में धन्नी की उपस्थिति को नज़रअंदाज़ करनेवाले मुकुंद बिहारी वर्मा के होश को उसने अपनी मुखमुद्रा से ठिकाने लगाया। बैंक बाबू ने सिटपिटाकर थाली में जो नज़रें गिराईं, खाना ख़त्म होने के बाद भी बन्नी की ओर न देख सके। दिन भर की शीतनिद्रा के बाद सज-धजकर तैयार धन्नी अपने ख़ज़ाने पर नागिन की तरह कुंडली मारकर बैठी फुँफकार रही थी। बन्नी उठी और ड्राइंगरूम के सोफ़े पर जाकर पसर गई। धन्नी ने पति के साथ बन्नी वाले कमरे में पलँग पर कब्ज़ा जमा लिया। श्रीमती कुसुम कुमारी बिना कुछ खाए उठीं, मेज साफ़ किया, किचन सहेजा और जाकर छत पर बैठ गईं।

मई का आख़िरी सप्ताह चल रहा था। दिन तपते और रातें उमस भरी होतीं। देर रात तक लोग छतों पर होते। पहले के ज़माने में लोग दरवाज़ों के सामने सहन में खाटें बिछाकर सोया करते थे।...पर अब तो लोग सिकुड़कर अपने घरों में या

छतों पर सोने लगे थे।...दानापुर रेलवे कॉलोनी की गरमी की रातें कौंध गईं श्रीमती कुसुम कुमारी की आँखों के सामने।

रेलवे कॉलोनी में अपने-अपने क्वार्टरों के सामने खाटें निकालकर सोया करते थे लोग। उनके पिता वासुदेव शरण माल बाबू थे। बाबू नवरंग सहाय टी. सी. और वासुदेव शरण के क्वार्टर आमने-सामने थे। इन्हीं क्वार्टरों में श्रीमती कुसुम कुमारी और निरंजन सहाय एडवोकेट के बचपन से लेकर यौवन के आरंभिक दिन गुज़रे थे। इसी दानापुर रेलवे कॉलोनी के आकाश के सूरज-चन्द्रमा और तारों ने दोनों को घुटुरन चलत से लेकर यौवन के वायुवेग के साथ उड़ते हुए देखा था। यहीं मैट्रिक पास होने की ख़ुशी में किशोरी कुसुम ने पहली बार चुम्बन का मौलिक और दुर्लभ उपहार सौंपा था अपने नीरू को। इसी कॉलोनी में दुर्गा पूजा की रात अपनी माँ की पेटी से पैसे चुराते हुए पकड़े जाने पर नवरंग सहाय के जूतों से पिटते नीरू को जब उसकी माँ मुक्ति नहीं दिला सकीं, तब कुसुम ने ढाल की तरह अपनी पीठ बिछा दी थी। यहीं सब कुछ हुआ था। छोटे-छोटे काग़ज़ के पुर्ज़ों पर लिखे संदेश लम्बे प्रेम-पत्रों में विकसित होते गए। बी. ए. फेल होने पर महीनों मुँह-अँधेरे निकलकर देर रात गए वापस आने पर अपनी प्रतीक्षा में कुसुम को बाट निहारते देखकर नीरू ने इस धरती पर बहुत बड़ा आदमी बनने की शपथ ली थी। इसी दानापुर रेलवे कॉलोनी के अंतिम छोर पर बने क्वार्टर में रहते थे वासुदेव शरण के दोस्त और बचनू लाल के साले, जिनकी बेटी की शादी में शामिल होने छपरा से आई थीं मानोदेई। उन्होंने रजिस्ट्री ऑफ़िस में क्लर्की कर रहे अपने बेटे अष्टभुजा लाल के लिए कुसुम कुमारी को पसंद कर लिया था।

दानापुर रेलवे कॉलोनी की इस धरती ने उन दिनों हर क्षण इतिहास रचा था। विवाह की गहमागहमी शुरू होने से ठीक पहले नीरू ने कुसुम से कहा—"अब तो तुम जा रही हो। मैं इस लायक़ नहीं कि तुम्हें रोक सकूँ।...पर तुमसे थोड़ी देर के लिए अकेले में मिलना चाहता हूँ। एक-दो दिनों में रिश्तेदारों का आना शुरू हो जाएगा। तुम्हारा बाहर निकलना मुश्किल होगा...क्या आज...?"

...और उसी रात वासुदेव शरण के क्वार्टर के पीछे भारतीय रेल मज़दूर संघ के दफ़्तर के बरामदे के गहन अँधेरे में दो प्रेमातुर आत्माओं और देहों का महामिलन सम्पन्न हुआ। ईश्वर इस महामिलन के साक्षी ही नहीं बने बल्कि उन्होंने पकड़े जाने से इन दोनों की रक्षा भी की । बी. ए. फेल नीरू नौकरीपेशा अष्टभुजा

लाल के रथ को रोक न सके। निःशब्द नीरू ने अपने हाथों बारातियों को भोजन परोसा और जूठे पत्तल उठाए। विदा होती श्रीमती कुसुम कुमारी को आशीष दिया। आक्रांता योद्धा की तरह आए अष्टभुजा लाल और कुसुम कुमारी को लेकर चले गए।

अष्टभुजा लाल को नींद नहीं आ रही थी। अग्नि-शैया पर लेटे वह छटपटा रहे थे। आँखें मूँदते, तो अँधेरे में वार्डरोब की छाया उभरती। यह वार्डरोब उनके लिए उच्च ताप पर दहकती परमाणु भट्ठी की तरह था, जिसमें क़ैद उनका पूरा अस्तित्व गलकर पानी बन रहा था। दाएँ-बाएँ, हर करवट उन्होंने सोने का प्रयास किया। कभी पेट के बल, तो कभी चित लेटे, पर चैन न मिला। कुछ देर तक जब श्रीमती कुसुम कुमारी कमरे में नहीं पहुँचीं, उनकी खोज में वह बाहर निकले।

बन्नी सोफे पर पसरी थी। धन्नी पति के साथ कमरे में बंद थी। खाने की मेज़, किचन, सब ख़ाली। कहाँ गईं श्रीमती कुसुम कुमारी? दबे पाँव सीढ़ियाँ चढ़ते हुए अष्टभुजा लाल छत पर पहुँचे। देखा, कुसुम कुमारी बेंत वाली कुर्सी पर पीठ टिकाए आसमान निहार रही थीं। वह फिर दबे पाँव नीचे उतर आए। कुसुम कुमारी को पता तक नहीं चला कि कोई आकर चला गया।

दानापुर रेलवे कॉलोनी स्थित अखिल भारतीय रेल मज़दूर संघ के अँधेरे परिसर की यादों से एक गहरे निःश्वास के साथ बाहर निकलीं श्रीमती कुसुम कुमारी। उठीं और आसमान की ओर मुँह उठाकर दोनों हथेलियों से चेहरा पोंछा। खुले-बिखरे बालों को सहेजकर ढीला जूड़ा बनाया। नीचे उतरीं और कमरे में चली गईं। अष्टभुजा लाल को जब श्रीमती कुसुम कुमारी के आने की आहट मिली तो वह करवट बदलकर लेट गए।

श्रीमती कुसुम कुमारी पति के पास जाकर लेट गईं। थोड़ी देर तक उनकी नज़रें कमरे की दीवारों पर भटकती रहीं। उन्होंने बड़ी मुश्किल से अपने को सहेजा। पिघलकर बहते मन को बाँधा और पति के कंधे पर हाथ रखती हुई बोलीं—"सुनो! एक ज़रूरी बात करनी है तुमसे।"

"बोलो।" बिना चेहरा घुमाए अष्टभुजा लाल ने कहा।

"मेरी ओर घूमो, तब तो कोई बात कहूँ!" श्रीमती कुसुम कुमारी ने आग्रह किया।

"बात कहने के लिए चेहरा निहारना ज़रूरी नहीं। बोलो, जो बोलना है।" अष्टभुजा लाल फुँफकार उठे।

"किस बात पर नाराज़ हो?...बिना अपराध बताए सज़ा देना कहाँ का इंसाफ़ है?...और ऐसे में कोई बात कहने-सुनने से क्या लाभ?...पहले मेरी ओर घूमो, तब बोलूँगी।" श्रीमती कुसुम कुमारी ने अपना स्वर मीठा किया और पति की पीठ से सटती हुई दाईं बाँह में अष्टभुजा लाल को लपेटने की कोशिश की।

"जो कहना हो, जल्दी कहो। मुझे नींद आ रही है।" अष्टभुजा लाल तटस्थ बने रहना चाहते थे।

"नहीं, पहले इधर मुँह करो।...मेरी ओर देखो, तब बोलूँगी।" श्रीमती कुसुम कुमारी ने अष्टभुजा लाल की पीठ पर अपने वक्षों का दबाव बढ़ाया। उनके कंधे और गरदन के नीचे हौले से दाँत चुभो दिया।

अष्टभुजा लाल ने करवट बदल ली। पके फल की तरह अपनी झोली में टपकते पति को दोनों बाँहों में कसकर श्रीमती कुसुम कुमारी मुस्कुराईं। फिर बोलीं—"बेटियों के सामने जितना चाहो नाराज़ हो लो, जो बोलना चाहो, बोल लो...लेकिन दामाद के सामने तो मेरा मान रखा करो।"

क्षण भर के लिए अष्टभुजा लाल ने पत्नी की आँखों में देखा और बोले—"कहो, क्या कहना है?"

"आपको नीरू याद है?...निरंजन, हमारी शादी में तो देखा ही था तुमने उसे!"

"नहीं, मुझे कोई याद नहीं।" अष्टभुजा लाल ने फिर अपनी आँखें श्रीमती कुसुम कुमारी की आँखों में डाल दीं।

"दानापुर रेलवे कॉलोनी में ठीक हमारे क्वार्टर के सामने उन लोगों का क्वार्टर था। नवरंग चाचा का क्वार्टर...। निरंजन आजकल बहुत बड़ा वकील है। भागलपुर में प्रैक्टिस करता है। अपना मकान है। काफ़ी पैसा और जायदाद है...उसी के छोटे बेटे से बन्नी के लिए बात चलाई है। लड़का बैंक में अफ़सर है।...हमारे दोनों दामाद बैंक वाले हो जाएँगे। कोई बेटी किसी से कम नहीं रहेगी।...बहुत बड़े लोग हैं। पुराने सम्बन्धों के चलते तैयार हो गए हैं। माँ और भैया लोगों ने दबाव दिया, तो उन्हें मानना ही पड़ा।...अब वह अपने बेटे के साथ बन्नी को देखने आना चाहते हैं...अगले ही महीने।"

"बन्नी को देखने आना चाहते हैं कि अपनी चहेती से मिलने?" दाँत पीसते हुए पूछा अष्टभुजा लाल ने। उनकी आँखों में क्रोध की लपटें थीं और नथुने फूल गए थे।

"क्या हो गया है तुम्हें?" श्रीमती कुसुम कुमारी के स्वर में मिमियाहट थी।

"मुझे तो कुछ नहीं हुआ।...हाँ, तुम्हें पंख ज़रूर निकल आए हैं।...बेटी के बहाने पुराने यार से रिश्ता जोड़ना चाहती है तू?" गरजे अष्टभुजा लाल और चीते की फ़ुर्ती से उछलकर श्रीमती कुसुम कुमारी की छाती पर सवार हो गए।

"तुम्हारा दिमाग़..."

इसके पहले कि अपनी बात पूरी करें श्रीमती कुसुम कुमारी, अष्टभुजा लाल ने एक ज़ोरदार तमाचा लगाया। पलँग पर बिछावन के नीचे हाथ लगाकर पुराने पत्रों का एक बंडल निकाला और श्रीमती कुसुम कुमारी के मुँह पर फेंकते हुए बोले—"मेरा दिमाग़ तो तुम जिस दिन पटना गईं, उसी दिन से ख़राब है।...लो, पढ़ो अपने पुराने यार की ये चिट्ठियाँ।"

विवाह पूर्व लिखे गए नीरू के पत्र पलँग पर बिखर गए। श्रीमती कुसुम कुमारी की छाती पर सवार थे अष्टभुजा लाल। कभी तमाचे और मुक्के लगाते, तो कभी मुट्ठियों में बाल पकड़कर झकझोरते। उनका कायांतरण हो चुका था। वह सचमुच अष्टभुजाधारी ऑक्टोपस की तरह अपनी गिरफ़्त में श्रीमती कुसुम कुमारी को जकड़े हुए थे।

पति के कायांतरण का रहस्य पल भर में समझ गईं श्रीमती कुसुम कुमारी। वह पति के प्रहारों से बदहाल थीं, पर उन्होंने क्षणांश में निर्णय लिया कि अष्टभुजा नामधारी इस ऑक्टोपस से मुक्ति के लिए यही उचित अवसर है। उन्होंने अपने भीतर साहस सँजोया और एक झटके के साथ उठीं। अष्टभुजा लाल की पकड़ ढीली पड़ी और वह तिलमिलाते हुए गिरे। तनकर खड़ी हुईं श्रीमती कुसुम कुमारी। बोलीं—"बस! अब छूना भी नहीं मुझे।...तुम्हें ये चिट्ठियाँ तो वार्डरोब में मिल गईं,...पर तुम्हें अपनी माँ की डायरी नहीं मिली?...उसी में है...जाओ, निकालो और पढ़ लो। मरने से पहले मुझे सौंप गई थीं तुम्हारी माँ मानोदेई। कैथी लिपि में लिखी है।...उनके मरने के बाद तुम्हीं से कैथी सीखकर पढ़ी थी मैंने। तुम भी पढ़ लो।... और कल से अष्टभुजा लाल वल्द झूलन लाल मत लिखना। लिखना, अष्टभुजा लाल वल्द बचनू लाल..."

अष्टभुजा लाल पलँग पर लोथ की तरह पड़े थे। उनकी तमाम भुजाएँ जाने कहाँ विलीन हो चुकी थीं!

('अष्टभुजा लाल की भुजाएँ' शीर्षक से इंडिया टुडे, साहित्य वार्षिकी, 2000 में प्रकाशित।)

ख़ुला

सन् उन्नीस सौ पाँच में, जिस साल साबिक़ सर्वे सेटलमेंट हुआ था, पकवाघर की नींव पड़ी थी। इसी सर्वे सेटलमेंट के समय बीवीपट्टी की ज़मींदारी का यह सबसे कमाऊ इलाक़ा बहादुर अली के बेटों के हाथ लगा था। इस बन्दोबस्ती की हसरत लिये बहादुर अली गुज़र गए थे। बहादुर अली अपनी बीवी के साथ, औलाद की चाहत में नंगे-पाँव फ़क़ीर आशा बाबा से दुआ माँगने पहली बार हसनपुर आए थे। फिर तो उनका अपना गाँव महम्मदपुर छूट गया। फ़क़ीर ने यहीं बसने का हुक्म दिया और वह महम्मदपुर की ज़मीन-जायदाद बेचकर यहीं बस गए। हसनपुर में बसने के साल भर बाद हशमत अली पैदा हुए। फिर ज़ोहरा बानो और हबीब अली की पैदाइश हुई। अपने हिस्से की ज़मीन-जायदाद बेचने के बावजूद बहादुर अली ने महम्मदपुर से रिश्ता क़ायम रखा। उनकी तीनों औलादों की शादियाँ महम्मदपुर में ही हुईं।

बहादुर अली ज़िराअत के लिए दो सौ बीघा काश्तकारी ज़मीन और काफ़ी माल-असबाब छोड़ अल्ला को प्यारे हुए। मरने से पहले उन्होंने हशमत अली और हबीब अली को पास बैठाकर ज़ुबान कुबूलवाया कि वे दोनों हर हाल में बीवीपट्टी से ज़मींदारी की बन्दोबस्ती हासिल करेंगे। अपने अब्बा की अंतिम इच्छा पूरी करने के लिए दोनों बेटों ने काफ़ी जोड़-तोड़ किया। महम्मदपुर के पट्टीदार रिश्तेदारियों के बावजूद हर बार बीच में आ जाते। पर इस बार दोनों ने ऐसी बिसात बिछाई कि महम्मदपुर वाले चित हो गए। मरने के बाद ही सही, पर बहादुर अली का ख़्वाब पूरा हुआ। बन्दोबस्ती मिलते ही हशमत अली ने पकवाघर की नींव रखी।

पकवाघर की तामीर पूरी हुई और हशमत अली ने दूसरी शादी के लिए अपनी मामूज़ाद बहन के नाम पैग़ाम भेजा और दस दिनों में दुलहन की डोली ले आए। पकवाघर में अब तक आईं औरतों में सबसे हसीन औरत थीं जमीला ख़ातून।

इस इलाक़े की सबसे बड़ी बस्ती हसनपुर में उन दिनों सात सौ सत्तासी घर थे। इसमें पक्के ईंटों से बना सिर्फ़ एक घर था—पकवाघर। छतों, बुर्ज़ियों, मेहराबों

और मुँडेरों वाला घर। उन दिनों लोग-बाग पैदल चलकर आते थे पकवाघर को देखने। मुहर्रम और फागुनी शिवरात्रि पर लगने वाले मेलों के दिन तो भीड़ लग जाती थी। मेला जाते या मेले से लौटते लोग उचक-उचककर पकवाघर की चहारदीवारी के भीतर झाँकते। काँधे पर बच्चों को बैठाकर उन्हें झँकवाते और भीतर रहनेवालों की ज़िन्दगी की रूपकथाएँ गढ़ते हुए वापस लौटते।

हशमत अली को तीन बेटे थे। पहली बीवी गौहर ख़ातून से रहमत अली और दूसरी बीवी जमीला ख़ातून से नुसरत अली और फ़रहत अली। हबीब अली की दो बेटे और तीन बेटियाँ थीं। हशमत अली के तीनों बेटों की शादियाँ हबीब की बेटियों से हुईं। हबीब अली के बेटे ज़ोहरा बानो की बेटियों को ब्याहकर हसनपुर ले आए। आज़ादी के समय मुल्क का बँटवारा हुआ और हबीब अली अपने बेटों के परिवार के साथ पाकिस्तान चले गए। रुपए और ज़ेवरात साथ ले जा सके। बाक़ी सब यहीं छूट गया। वह जाना नहीं चाहते थे, पर बेटों के दबाव में बूढ़ी जुबान हिल नहीं सकी। उसी साल, उनके जाते ही हशमत अली गुज़र गए। हशमत अली के गुज़रते ही उनके बेटों के बीच तनातनी शुरू हो गई। बँटवारा हुआ। सारा माल-असबाब बँटा। काश्तकारी ज़मीन बँटी। ज़मींदारी की साझा वसूली को तीन भागों में बाँटकर सौंपने का ज़िम्मा मुंशी धनुषधारी लाल को सौंपा गया। मुंशीजी पकवाघर के ख़ानदानी कारिन्दा थे। पकवाघर के कमरे पहले ही बँट चुके थे। बावर्चीख़ाना बाक़ी था, सो वह भी बँट गया। हाँ, ऊपर की मंज़िल पर कुछ कमरे और बने। इन नए बने कमरों की सूरत अलग थी। ये कमरे नए ज़रूर थे, पर पकवाघर में पैबन्द की तरह लगते थे।

फिर एक दिन ज़मींदारी चली गई। ज़मींदारी के जाते ही अचानक बहुत कुछ चला गया। जो बचा था, धीरे-धीरे जा रहा था या अपना रंग-रूप बदल रहा था।... पर एक बात बरक़रार रही कि पकवाघर की औरतें पकवाघर में ही पलतीं-फूलतीं-फलतीं और उसी में मुरझाकर दफ़्न हो जातीं। वे चहारदीवारी से बाहर नहीं निकलतीं। वे उतना ही आसमान देखतीं, जितना पकवाघर के ऊपर था। उतनी ही हवा या रोशनी को जानतीं, जितनी चहारदीवारी को पार कर भीतर आती। उनका रंग कभी धूमिल नहीं होता। पकवाघर के ठीक पीछे घेराई था। कई बीघों में फैला बाग़ और चारों तरफ कँटीले तारों का घेरा। इस घेरे के चलते इस बाग़ का नाम पड़ा था—घेराई। इसी घेराई के अंतिम छोर पर था पकवाघर का ख़ानदानी क़ब्रिस्तान। पकवाघर का पीछे वाला दरवाज़ा इसी घेराई में खुलता था। मरने या मार दिए जाने के बाद बिना शोर-शराबे के लाशें आँगन में पहुँचतीं और आँगन से खिसककर घेराई में दफ़्न हो जातीं।

जुआ, रंडीबाज़ी, ठेकेदारी, दलाली, खेती, मुक़दमेबाज़ी और तरह-तरह के उद्यमों-व्यवसायों में लगे पकवाघर के मर्दों और गहने गढ़वातीं-बेचतीं, सारे ज़माने को जूती की नोक पर नचातीं, तूफ़ान की तरह गरजतीं, मेघों की तरह बरसतीं और औरत होने के शाश्वत दुःख में ज़हर खाकर या तिल-तिल गलकर मरतीं औरतों-लड़कियों के हुजूम में लुबना को पहचानना मुश्किल नहीं था। लुबना हशमत अली के सबसे छोटे बेटे फ़रहत अली की पोती और मोहसिन अली की बेटी थी, जो मैट्रिक का इम्तिहान देने के बाद अपने सोलहवें साल की मुसीबतों से जूझ रही थी।

पकवाघर की चहारदीवारी के भीतर ही एक ग़ैरसरकारी मदरसा था। मौलवी ज़हीर बख़्श आते और बरामदे में बैठकर बच्चों को तालीम देते। मौलवी की तालीम पूरी होते ही लड़कियाँ बावर्चीख़ानों में घुस जातीं और लड़के रोज़ी-रोज़गार और ज़मीन-जायदाद से जा लगते। लुबना नाम की पकवाघर की पहली लड़की ने जिस साल मैट्रिक का इम्तिहान दिया, उसी साल मौलवी इंतक़ाल कर गए। बिना बाल- बच्चों वाले रंडुवे ज़हीर बख़्श के गुज़रने के बाद पढ़ाने के लिए सिर्फ़ दाल-रोटी की तनख़्वाह पर किसी मौलवी का मिलना नामुमकिन था, सो मदरसा बंद हो गया।

लुबना ने अपनी परदादी जमीला ख़ातून का रूप-रंग पाया था। वैसा ही सोने सा दिप-दिप करता रंग, छरहरी देह, तीखे नाक-नक़्श और कमर तक झूलते केश। जिस दिन मैट्रिक का नतीज़ा आना था, लुबना अपने घने बालों के उपचार में व्यस्त थी। बालों में अंडे की सफ़ेदी और हिना लगाए, पकवाघर के नन्हे-मुन्नों की फ़ौज से घिरी बरामदे में बैठी थी। उसे सिर में अंडा लगाते देखकर बच्चे हैरत में थे। उन्होंने सवाल-दर-सवाल दाग़ने शुरू किये, तो लुबना ने सिर के तवे पर पककर तैयार होने वाले आमलेट का बखान किया। बच्चे आमलेट के इंतज़ार में उसे घेरे बैठे थे कि राशिद हाथ में अख़बार का परचम लहराते आँगन में दाख़िल हुए। लुबना फ़र्स्ट डिविज़न में पास हुई थी। उसके बड़े अब्बा साहेब अली की रखैल की औलाद राशिद और उसकी अम्मी निकहत जहाँ के अलावा बाक़ी लोगों के लिए यह घटना प्रसन्नता का कारण नहीं बन सकी। कुछ लोग उदासीन थे, तो कुछ नाख़ुश कि मोहसिन की लड़की तो पहले से ही नकचढ़ी और बदतमीज़ थी, अब और क़हर बरपाएगी।

राशिद ने दो साल पहले मैट्रिक पास किया था और इन दिनों सीवान के

इस्लामिया कॉलेज में पढ़ रहे थे। हसनपुर से सीवान आना-जाना मिलाकर रोज़ लगभग तीस किलोमीटर साइकिल चलाते थे राशिद। वह लुबना से तीन साल बड़े थे। लुबना की पढ़ाई के एकमात्र मददगार दोस्त थे राशिद।

मुक़दमों की पैरवी के सिलसिले में साहेब अली अक्सर कोर्ट-कचहरी आया-जाया करते थे। इसी कारण शहर में उनकी रातें गुज़रतीं। एक दिन जब वह एक गर्भवती स्त्री के साथ पकवाघर में दाख़िल हुए, तो सारे लोग भौंचक रह गए। इसके पहले ऐसा नहीं हुआ था। रखैलें थीं, पर पकवाघर की चहारदीवारी से बाहर। लाख समझाया-बुझाया लोगों ने, पर साहेब अली नहीं माने। डटे रहे। बच्चा पैदा हुआ और प्रसूति-गृह में ही साहेब अली की माशूक़ा के प्राण-पखेरू उड़ गए। नसीबोंवाली थी। जाने किस घूरे से उठकर पकवाघर के आँगन में आई और घेराई वाले क़ब्रिस्तान में बस गई। राशिद की क़िस्मत में भी पकवाघर के आँगन में पलना लिखा था, सो वह भी इधर-उधर रेंगते हुए बड़े हुए। जूठन खाकर भी राशिद की देह ने अपने अब्बा की धज पाई थी। बीवी के तानों के बावजूद साहेब अली राशिद पर अपना स्नेह लुटाया करते। आँगन से बाहर अब्बा हुज़ूर की छाँह और आँगन के भीतर नन्ही लुबना की आत्मीयता उनका सहारा थी। जैसे-जैसे दिन गुज़रते गए, लुबना ने राशिद के दुःखों को सहेजना शुरू किया। कभी लोगों की नज़रों से छिपाकर, तो कभी ढीठ की तरह सबकी नज़रों में चुभती हुई वह राशिद को अपनी आत्मीयता से ढँक लेती।

लुबना के पास होने की ख़ुशी में मीठे ख़ुरमे बँटे। घेराई के सबसे पिछले छोर पर रखवालों के लिए बने और अब खँडहर में तब्दील हो रहे दालान में बैठकर जुआ खेलने से फुर्सत पाने के बाद हन्नू जब भीतर आए, उन्हें भी यह ख़बर ख़ुरमे के साथ मिली। पहले उनकी अम्मी अंगूरी बेगम ने एक प्लेट में लुबना के यहाँ से आए ख़ुरमे लाकर दिये। उन्होंने ख़ुरमों की तारीफ़ की, तो उनकी अम्मी ने उन्हें कोसना शुरू किया। हन्नू चौकन्ने हुए। हन्नू ने जब मामले को टटोलना शुरू किया, तो पता चला कि उनकी होनेवाली दुलहन ने मैट्रिक पास कर लिया और वह भी फ़र्स्ट डिविज़न में।

हशमत अली के बड़े बेटे रहमत अली के पोते थे हन्नू। हन्नू के अब्बा ज़ाकिर अली की शादी साहेब अली और लुबना के अब्बा मोहसिन अली की इकलौती बहन अंगूरी से हुई थी। लुबना की पैदाइश के बाद अंगूरी बेगम ने अपनी छोटी भावज निकहत जहाँ से उसे अपने बेटे हन्नू के लिए माँग लिया था। पकवाघर में रिश्ते ऐसे ही तय होते थे।

हन्नू बचपन से ही लुबना पर हक़ जताते और लुबना थी कि राशिद की पूँछ

बनी डोलती फिरती। बचपन के दिनों में लुबना की उपेक्षा और हुक्मउदूली से खीजकर हन्नू अक्सर ताव खा जाते। नतीज़तन वह लुबना और राशिद की ठुकाई करते। लुबना को तो उसकी अम्मी के आँचल की छाँह नसीब थी, सो वह जाकर दुबक जाती, पर गाज गिरती राशिद पर। रखैल की औलाद को कौन बचाता? साहेब अली औरत तो थे नहीं कि चौबीसों घंटे जनानख़ाने में बैठकर राशिद की हिफ़ाज़त करते, सो हन्नू की खीज राशिद पर उतरती थी। बाद के दिनों में, जब उम्र थोड़ी और आगे खिसकी, पिटते राशिद के आगे ढाल की तरह तन जाती लुबना और आँखें तरेरकर हन्नू को घूरने लगती। लुबना की आँखों की तेज से घबराकर हन्नू पीछे हटते और खिसक जाते। यह सिलसिला आगे बढ़ता रहा।

हन्नू ने एक दिन मौलवी ज़हीर बख़्श के सिर पर स्लेट से वार किया और तालीम से रिश्ता तोड़ लिया। उनकी अम्मी अंगूरी बेगम ने मौलवी के सात पुश्तों को गालियों से नवाज़ा। उन्होंने ऐलान किया कि चाहे हन्नू बिना तालीम के रह जाएँ, पर वह ऐसे क़साई मौलवी से अपने बेटे को नहीं पढ़ने देंगी। राशिद और लुबना पढ़ते रहे। आरम्भिक तालीम पूरी होने के बाद राशिद की ज़िद पर साहेब अली उनकी अँगुली थामे कोस भर दूर के हाई स्कूल में पहुँचे। राशिद का चौथी में दाख़िला हुआ। राशिद की क़िताबें और तालीम लुबना के काम आईं। उनके पीछे-पीछे लुबना ने प्राइवेट परीक्षार्थी के रूप में मैट्रिक तक का सफ़र तय किया और हन्नू अपने ख़ानदान की रवायत के मुताबिक़ फूलते-फलते रहे।

लुबना के पास होने की ख़ुशी में ख़ुरमे पहले ही बँट चुके थे। रात में उसकी अम्मी ने मीठी फ़िरनी पकाई। हाथ में फ़िरनी से भरा कटोरा लिये राशिद को ढूँढ़ती फिर रही थी लुबना। छत के पिछले हिस्से पर एक सुनसान कोना था, जिसकी मुँड़ेर घेराई की तरफ़ खुलती थी। राशिद इसी मुँडेर पर बैठे क़ब्रिस्तान की घास-फूस की झुरमुटों में छिपी अपनी अम्मी की क़ब्र निहार रहे थे। यह जगह राशिद को बहुत प्रिय थी। बचपन से ही वह अपना निचाट एकांत यहीं जीते थे। यहाँ बैठे-बैठे उनका एकांत इतना व्यापक हो जाता कि उसकी पीड़ा सुख में बदल जाती। इसी एकांत के बल पर राशिद ने अपने बचपन की यातनाओं को काट लिया था। अब राशिद के सामने थीं यौवन के बसंत की उदासियाँ। ये उदासियाँ राशिद को परेशान करतीं। उनके भीतर लालसाओं के बीज बो देतीं। इन लालसाओं से मुक्ति के लिए राशिद यहीं बैठे-बैठे अपने एकांत में डूबते-उतराते अपनी अम्मी की क़ब्र निहारते, और अपने लिए ताक़त बटोरते।

राशिद को लुबना के पाँवों की आहट तक नहीं मिली। बिलकुल पास आकर जब उसने फ़िरनी से भरा कटोरा आँखों के सामने किया, राशिद की एकाग्रता

टूटी। राशिद ने लुबना को निहारा। लुबना के चेहरे पर चमक थी। आँखें किसी ज्योतिपुंज की तरह दीप्त...और सिर से पाँव तक आत्मप्रस्फुटन के गरिमामय क्षणों के आह्लाद से भरी थी लुबना। राशिद को लगा, जैसे लुबना उसके रक्त में घुलती जा रही है। राशिद को इस तरह एकटक निहारते पाकर लुबना सिहर उठी। यह अनजान सिहरन पहली बार उसके मन-प्राण पर छा गई।

राशिद ने लुबना का हाथ थामा और पास बैठा लिया। लुबना को लगा, राशिद उसका हाथ थामे उसे जल के भीतर अतल गहराई में लिये जा रहे हों। उसके मन में भय नहीं था। आश्वस्ति थी। अतल गहराई में उतरते हुए राशिद की हथेलियों की पकड़ का सम्बल था लुबना के पास।

कुछ देर मौन रहा। लुबना ने अपने हाथों चममच से राशिद को फ़िरनी खिलाना शुरू किया। राशिद खाते रहे। धीरे-धीरे कटोरे की फ़िरनी ख़त्म हुई।

मोहसिन अली को खाना खिलाते हुए दूसरे दिन की दोपहर जब निकहत जहाँ ने कॉलेज में लुबना के दाख़िले का ज़िक्र छेड़ा, तो बवंडर उठ गया। मोहसिन अली ने थाली से हाथ खींचा और जूठे हाथ एक झन्नाटेदार तमाचा निकहत जहाँ के गाल पर जड़ दिया। उठे और थाली को लात मारते हुए हाथ धोने चले गए। थाली झनझनाती हुई आँगन में जाकर गिरी और पकवाघर में बिना फैलाए ख़बर फैल गई।

तमाचे खाना निकहत जहाँ के लिए कोई नई बात नहीं थी। वह पिछले पच्चीस सालों से पिट रही थीं। लुबना की तालीम के सिलसिले में अपनी ज़िद को लेकर वह पहले भी कई बार पिट चुकी थीं। इसके अलावा भी पिटने के कारण थे। मोहसिन अली की कहानियाँ पकवाघर की चहारदीवारी पार कर भीतर आतीं और आदतन निकहत जहाँ उनसे कभी कुछ पूछ बैठतीं, तो इस तरह पिटतीं कि गोरी देह पर उभरे नील हफ़्ता-दस दिनों तक टीसते रहते।

कॉलेज की पढ़ाई के लिए लुबना के शहर जाने की चर्चा पकवाघर में शुरू हो चुकी थी। सुबह-सुबह अंगूरी बेगम और निकहत जहाँ के बीच बातचीत हुई। अंगूरी बेगम ने निकाह की तारीख़ तय करने को कहा, तो निकहत जहाँ ने साफ़-साफ़ नकार दिया—"नहीं, अभी नहीं। अभी तो लुबना का सोलहवाँ साल चल रहा है। इतनी कम उम्र में..."

अंगूरी बेगम तड़क उठीं—"अयहय! कौन उसे डोली चढ़कर दूसरे गाँव जाना

है? इसी आँगन में तो रहना है। पहरे बैठा देना।...निकाह के बाद हन्नू कहाँ यहाँ बैठे रहेंगे! वे भी तो अरब जा रहे हैं। दो साल बाद लौटेंगे।''

निकहत जहाँ टाल गईं—''कौन जाने वक़्त का खेल? भागी तो नहीं जा रही है लुबना? हन्नू लौट आएँ अरब से, फिर...''

अंगूरी बेगम ने अपने भाई मोहसिन अली को बुलवाया। भाई के हाथ में चाय की प्याली देकर लुबना और हन्नू के निकाह के बारे में अपना फ़ैसला साफ़-साफ़ सुना दिया—'' हन्नू को तालीम के लिए लुबना का शहर जाना और आगे पढ़ना बिलकुल पसंद नहीं। इंदिरा गाँधी की तरह वज़ीर बनवाना हो तो ठीक है, पर अगर घर-परिवार की ज़िम्मेदारियाँ सौंपनी हों तो निकाह की तारीख़ तय होनी चाहिए।...अरब के लिए हन्नू का वीजा आनेवाला है। दलाल को चालीस हज़ार रुपए भरे जा चुके हैं। दो-तीन महीनों में हन्नू अरब चले जाएँगे। इसके पहले निकाह हर हाल में हो जाना चाहिए।''

बहन से हुई बातचीत के बाद मोहसिन अली तमतमाए फिर रहे थे। दोपहर के खाने के समय जब निकहत जहाँ ने बात शुरू की तो ताव खा गए। बात उलझ गई। अंगूरी बेगम निकाह की ज़िद पर अड़ी थीं। मोहसिन अली को बहन की बात जायज़ लग रही थी। वह पढ़ने में लुबना की दिलचस्पी को ख़तरनाक संकेत मानकर परेशान थे और जल्दी से जल्दी इस झंझट को निबटाना चाह रहे थे। दूसरी तरफ़ निकहत जहाँ को बेटी की तालीम पाने की दिलचस्पी जायज़ लग रही थी। हालाँकि वह निकाह के पक्ष में थीं, पर तालीम पूरी होने और हन्नू की अरब से वापसी के बाद।

रात का खाना नहीं पका। पिटने के बाद निकहत जहाँ अपने कमरे में चादर तानकर सो गईं। पकवाघर की हर आँख में किरकिरी की तरह चुभती लुबना का चेहरा ज़र्द पड़ गया था। पास होने की ख़ुशी काफ़ूर हो चुकी थी। भविष्य और वर्तमान दोनों नुकीली बर्छियों की तरह उसके आगे-पीछे तने थे। पकवाघर में उठे शोर के केन्द्र में घिरी लुबना बुरी तरह आहत थी। उसके मन में ढेरों प्रश्न थे। जिज्ञासाओं का अनंत प्रवाह था। वह इन प्रश्नों-जिज्ञासाओं के साथ अपनी सोच में ज्यों-ज्यों गहरे उतरती—अकेली...और अकेली होती जाती। वह राशिद को ढूँढ़ रही थी। मन के किसी कोने में यह उम्मीद थी कि शायद राशिद उसे उबार सकें!...पर राशिद थे कि ग़ायब! आँगन में वज्र की तरह गिरती थाली की झनक

सुनते ही राशिद पकवाघर की चहारदीवारी लाँघकर बाहर निकल गए थे। लुबना ने सोचा, शायद हन्नू के डर से खिसक लिये हों! ऐसे मौक़ों पर हन्नू उन पर अपनी खीज मिटाते थे। अब मार-पीट तो नहीं कर पाते, पर ज़हर की तरह कोई जुमला कानों में ज़रूर उँड़ेल देते।

राशिद दबे पाँव आकर सामने खड़े हुए और ऊपर चलने का इशारा किया। वहीं, पीछेवाली मुँडेर पर, जहाँ से उनकी अम्मी की क़ब्र दिखती थी। आगे-आगे राशिद और पीछे-पीछे लुबना। दोनों छत की उस मुँडेर तक पहुँचे।

पहले लुबना बैठी। फिर राशिद। कुछ देर तक दोनों चुप बैठे रहे। फिर राशिद ने हौले से आवाज़ दी—"लुबना!"

लुबना कुछ बोली नहीं। उमड़ते आँसू पर क़ाबू पाने की कोशिशें नाकाम हो रही थीं। लुबना सिसकने लगी। राशिद ने धीरे से उसके सिर पर हथेली रखी और उसका माथा झुकाकर अपनी गोद में रख लिया। लुबना रोती रही और राशिद उसके बालों में उँगलियाँ फिराते रहे।

राशिद को एहसास था कि उनका रास्ता दुर्गम है। वह मुखर नहीं हो सकते। उनके भीतर थीं विराट इच्छाएँ। ये इच्छाएँ इतनी उत्कट और सघन थीं कि कभी-कभी इनके दबाव में स्वयं राशिद की साँस उखड़ने लगती। राशिद ने घेराई में फैले सघन अँधेरे में अपनी अम्मी की क़ब्र ढूँढ़ने की कोशिश की। वह अँधेरे में भी आँखों से क़ब्र टटोल लेते थे। राशिद अक्सर क़ब्र में सोई अम्मी की कल्पना करते। उन्हें अम्मी की सूरत याद नहीं थी। कोई तस्वीर भी नहीं थी। लोगों से सुनकर उन्होंने शून्य में एक आकृति गढ़ ली थी। उन्होंने क़ब्र में सोई अम्मी को देखा। वहाँ शान्ति थी। क़ब्रगाह की शान्ति। शुद्ध और पवित्र शान्ति। वर्षों पहले दफ़्न हुए लोगों के पाप-पुण्य और सुख-दुःख से छनकर बाहर पसरती हुई शान्ति।

सिसकती हुई लुबना के आँसू थमे। हिचकियों का अंतराल बढ़ा और धीरे-धीरे वे समाप्त हुईं। लुबना ने राशिद की गोद से अपना चेहरा बाहर निकाला। बोली—"मैं ज़हर खा लूँगी...जान दे दूँगी।"

राशिद बोले—"मैंने अब्बा से बात की है। तुम्हारे अंजुम मामू से भी बात की है मैंने। दोनों ने वायदा किया है कि मोहसिन चा..."

"तुम मेरे लिए पंचायत बटोरने गए थे? तुम ख़ुद कुछ नहीं कर सकते, तो छोड़ दो।...मेरे लिए पंचायत बुलाने की ज़रूरत नहीं।" लुबना तल्ख़ हो उठी।

"बच्चों जैसी बातें मत करो। भरोसा रखो मुझ पर। तुम्हारी तालीम..."

"तालीम!" बात काटती हुई लुबना ने कहा—"तुम्हें सिर्फ़ तालीम की पड़ी है?...मेरी फ़िक्र नहीं तुम्हें?...मैं एक लफंगे के संग बाँध दी जाऊँ...क़साई के ठीहे

पर ज़िबह कर दी जाऊँ, ये तुम्हें मंजूर है?''

''लुबना! पगल हो गई हो तुम।...एक राह से दूसरी राह निकलती है।'' राशिद ने एक गहरी साँस ली और लुबना का चेहरा अपनी हथेलियों में भर लिया। लुबना की आँखें चमकीं। फिर उसने पलकें झुका लीं। राशिद उठे। उसके काँधों को थामकर उठाया और अपनी बाँहों में हौले से समेट लिया। राशिद के सीने से लगी लुबना फिर रो पड़ी।

ज़ाकिर अली ने बकरा कटवाया। रात में पकवाघर के सारे मर्द एक साथ दस्तरख़्वान पर बैठे। ज़ाकिर अली कम बोलते थे। अपने घर में उनकी अपनी कोई राय नहीं होती थी। उन्होंने तोता-रटंत की तरह अंगूरी बेगम का पढ़ाया पाठ सबको सुनाया। मोहसिन काफ़ी क्रोध में थे। साहेब अली ने अपनी बात रखी—''लड़की अगर पढ़ना चाहती है, तो बुरा क्या है? आज के ज़माने में तो तालीम की ही अहमियत रह गई है।...लुबना के निकाह को दो-तीन सालों के लिए टाला भी जा सकता है।...अभी उसकी उम्र ही क्या है?''

''हाँ, निकाह टाल दूँ ताकि तुम्हारी मुराद पूरी हो सके।'' मोहसिन अली गरजे।

''मेरी मुराद!'' साहेब अली चौंके। सभी ने घूरकर राशिद की तरफ देखा। राशिद माथा झुकाए शोरबे में गोश्त की बोटी ढूँढ़ रहे थे।

''हम यहाँ रास्ता निकालने बैठे हैं, जंग करने नहीं। खाने का ज़ायका मत ख़राब करो मोहसिन।'' अंजुम अली ने अपनी रौबदार आवाज़ में मोहसिन को डपट दिया। फिर बोले—''मेरी राय है कि लड़की की तालीम न रोकी जाए। ये मुनासिब नहीं होगा। प्राइवेट से इम्तिहान दे। जैसे मैट्रिक पास किया, वैसे ही बी.ए.-एम.ए. कर सकती है। राशिद जिस कॉलेज में पढ़ते हैं, उसी इस्लामिया कॉलेज से पर्चा भर देगी। राशिद मियाँ हैं ही। शहर आते-जाते रहते हैं, क़िताबें ला दिया करेंगे। राशिद मदद करेंगे तो सहूलियत हो जाएगी। क्यों भाई, राशिद मियाँ?''

''चोर का गवाह गिरहकट! ये तो ख़ुद ही सीवान जाकर आवारागर्दी करते-फिरता है।'' अब तक चुप बैठे हन्नू ने एक जुमला जड़ दिया।

''ज़रा बदज़ुबानी कम कीजिए मियाँ। बाहर जा रहे हैं...दूसरे मुल्क में। और वो भी अरब। यही हाल रहा तो सारी ज़िन्दगी वहाँ के जेलख़ाने में कटेगी।''

अंजुम अली ने डपटते हुए लावा उगलती आँखों से हन्नू को देखा।

दस्तरख़्वान पर बैठे मर्दों की मजलिस ने तय किया कि लुबना का निकाह हन्नू के अरब जाने से पहले कर दिया जाए। लुबना अपनी अम्मी के साथ रहेगी। हन्नू के आने पर रुख़सती होगी। लुबना की तालीम जारी रहेगी, पर घर में ही। राशिद इस काम में लुबना की मदद करेंगे।

फ़ैसला सुनने के बाद लुबना ने तीन दिनों तक खाना नहीं खाया और अपने कमरे से बाहर नहीं निकली। उसकी अम्मी भी चुप थीं। जब तीन दिन बिना अन्न-दाना के गुज़र गए, निकहत जहाँ ने बेटी से पूछा—"बाप-बेटी दोनों मिलकर मेरा गला क्यों नहीं दबा देते? मैं इस फ़ैसले में कहीं नहीं हूँ। फिर मुझसे बदला क्यों ले रही है तू?"

लुबना ने खाना खा लिया। लगभग सबों से उसकी बातचीत बंद हो गई थी। दो-चार लफ़्ज़ अम्मी से बोल लेती। ज़्यादातर हूँ-हाँ से ही काम चलाती। राशिद ग़ायब थे! थे तो इसी घर में, पर इधर का रुख़ नहीं करते थे। अगर कभी सामने पड़ जाते, तो नज़रें बचाकर खिसक लेते। लुबना अपने दुखों को विस्तार दे रही थी। पकवाघर के प्रभाव की प्रभुता के बीच अपनी दासता को परख रही थी। इन दिनों उसे अपना बचपन बहुत याद आता, जिसे विदा हुए अभी बहुत दिन नहीं हुए थे। राशिद के साथ-साथ तितलियों के पीछे-पीछे भागना...घेराई में छिपकर आम के टिकोले खाना...हन्नू के साथ मार-पीट...और अम्मी से लिपट जाना...उनके सीने में मुँह छिपाकर गुदगुदी करना...और फिर खिल-खिल हँसते हुए भाग जाना ...ये स्मृतियाँ उसे सहारा देतीं। उसकी रक्षा के लिए शस्त्रों सी सज-धजकर उसके साथ आ जुटतीं। अपनी शंकाओं पर विजय पाने की कोशिश में वह बार-बार अपने से ही टकराती...अपने को दीक्षित करती...संकल्प लेती। उसे लगा, उसके स्वप्न दुर्गम ज़रूर हैं, पर इनका विकास रोका नहीं जा सकता। उसने एकांत से ताक़त बटोरने की राशिद की कला का रहस्य पा लिया था।...और शायद उसे उसके एकांत ने राशिद से भी ज़्यादा हुनरमंद बना दिया था।

हन्नू के लिए वीजा आ गया। ड्राइवर की नौकरी के लिए उन्हें दो सालों के कॉन्ट्रैक्ट पर आबूधाबी जाना था।

लुबना का निकाह हुआ। तय था कि हन्नू के वापस आने के बाद ही विदा होकर वह अंगूरी बेगम के पास जाएगी। निकाह के बाद लगभग एक माह तक

हन्नू हसनपुर में रहे, पर लुबना का चेहरा नहीं देख सके। राशिद के इम्तिहान के दिन क़रीब थे, सो वह शहर में ही अपने किसी दोस्त के साथ रहकर तैयारियों में व्यस्त थे। सिर्फ़ निकाह के दिन हसनपुर आए थे और वापस चले गए।

हन्नू चले गए। पहले बम्बई गए। सप्ताह भर वहाँ रहे। फिर आबूधाबी के लिए उड़ गए।

हन्नू अरब से लौटे। गए थे दो सालों के लिए, पर चार सालों के बाद वापस आए। कम्पनी ने दो सालों के लिए कॉन्ट्रैक्ट बढ़ा दिया था। अंगूरी बेगम ने बीच में ख़त लिखा था कि छुट्टियाँ लेकर आ जाओ ताकि दुलहन की विदाई हो सके। हन्नू राज़ी नहीं हुए। उन्होंने ख़त लिखकर आने-जाने के ख़र्च और कॉन्ट्रैक्ट बढ़ जाने की ख़ुशक़िस्मती के बारे में अपनी अम्मी को समझाया था।

हन्नू काफ़ी माल-असबाब लेकर लौटे थे। रुपए तो भेजते ही रहते थे। उनके अब्बा के नाम सीवान के बैंक में खाता खुला था। ड्राफ़्ट आता तो राशिद ही जमा करवाते। इस बीच समय बहुत आगे निकल चुका था। लुबना का बीसवाँ पूरा होने ही वाला था। बी.ए. का इम्तिहान सामने था। वह तैयारियों में लगी थी। राशिद बी.एड. करने के बाद सीवान के एक सरकारी मिडिल स्कूल में उर्दू के मास्टर हो गए थे। वही पुरानी दिनचर्या। रोज़ साइकिल चलाकर सीवान आना-जाना।

अंगूरी बेगम बहू के लिए हन्नू की लाई सौग़ात लेकर निकहत के कमरे में पहुँचीं, तो सबकी आँखें फटी रह गईं। हन्नू ढेरों ज़ेवर लाए थे। कपड़े, सिंगार के लिए विदेशी सामान...ख़ुशबू की कई शीशियाँ। निकहत जहाँ ने बेटी को दिखाना चाहा, पर लुबना ने नज़रें उठाकर देखा तक नहीं।

हन्नू की वापसी की ख़ुशी में ज़ाकिर अली ने दावत दी। इतवार का दिन था। राशिद भी घर में ही थे। सुबह उन्हें लुबना ने बुलाया था। बहुत देर तक बैठे दोनों बातें करते रहे। हन्नू के आने के बाद से राशिद थोड़े उद्विग्न चल रहे थे। एक अजीब क़िस्म की रुग्ण आकुलता उन पर छाई रहती। लुबना से बातें करके लौटने के बाद राशिद का मन हलका हो गया। लुबना के पास से जैसे जीवन पाकर लौटे हों राशिद।

बाहरवाले दालान में मर्दों का दस्तरख़्वान बिछा। उनका खाना ख़त्म हुआ, तो आँगन वाले बरामदे में औरतें बैठीं। गोश्त, बिरियानी, ख़मीरी रोटी, पराँठे, ज़र्दा पुलाव, फ़िरनी...। अंगूरी बेगम दिल खोलकर लुटा रही थीं। मर्दों ने कहा कि

औरतें ही तय कर लें लुबना की विदाई का दिन। औरतें गोश्त की बोटियाँ उड़ातीं तय करने में मशगूल थीं। इसी बीच किसी लड़की ने लुबना के साथ चुहल करते हुए पूछा–"आपा! पहली मुलाक़ात में हन्नू भाई से क्या माँगेंगी?"

"ख़ुला।" लुबना बोली।

औरतें एक साथ चीख़ उठीं–"हाय अल्ला! ख़ुला?"

"हाँ, ख़ुला।" लुबना ने अपनी बात दुहराई।

इस एक लफ़्ज़ से ज़लज़ला आ गया। मसालों की ख़ुशबू में पगी हौले-हौले झूमती पकवाघर की ख़ुशगवार हवा आँधी में बदल गई। गर्मी की दोपहरी में पछिया के बवंडर से उठी भँवर मानो सदर दरवाज़े से भीतर घुस आई हो और अचानक दरवाज़ों-खिड़कियों के पल्ले बजने लगे हों। सन् उन्नीस सौ पाँच के साबिक़ सर्वे सेटलमेंट के समय बने पकवाघर की बीस इंच मोटी दीवारों से सुर्खी-चूना भुरभुराकर गिरने लगा। आँगन में दाना चुगती मुर्ग़ियाँ दड़बों में छिपने के लिए रेल-पेल मचाने लगीं। छतों की मुंडेरों पर, ताख़ों में और रौशनदानों में बैठकर गुटर-गूँ करते कबूतरों के झुंड में भी अफ़रा-तफ़री मच गई। किसी को होश नहीं था। दस्तरख़्वान सूना हो चुका था और उस पर मक्खियाँ भिनभिना रही थीं। सिर से आँचल और दुपट्टे सरकाए बदहवास भागती औरतों की आवाज़ हलक़ में ही अटक गई थी। मर्द हक्के-बक्के, जैसे भी, जहाँ थे--वहीं जड़वत् थे।

"ख़ुला। हाँ, मैं ख़ुला चाहती हूँ। यह इस्लाम में जायज़ है।...और ख़ुला चाहने की माकूल वजह है मेरे पास।...मेरा निकाह हुआ, तो मैं बालिग नहीं थी। मेरा सोलहवाँ चल रहा था। और फिर निकाह के बाद जिसका शौहर चार सालों के लिए छोड़ दे, उस औरत को ख़ुला माँगने का हक़ है। मेरा हक़ नहीं मिला तो मैं इमारते शरईया जाकर अर्ज़ करूँगी...। वहाँ नहीं मिला मेरा हक़, तो कोर्ट जाऊँगी।" यह लुबना की धीर-गम्भीर आवाज़ थी।

बस! इतना ही कहा था लुबना ने और पकवाघर का मौसम बदल गया था। तामीर के बाद पहली बार यह मनहूस लफ़्ज़ पकवाघर में गूँज रहा था। पकवाघर के बाशिंदे अपना सिर धुन रहे थे कि यह मरज़ जाने किस दरवाज़े से घुस आया! राशिद छत की मुंडेर पर उस जगह चैन से बैठे थे, जहाँ से उनकी अम्मी की क़ब्र दिखती थी।

(हंस, जनवरी, 2001 में प्रकाशित।)

वसंत के हत्यारे

लगभग तीस घंटे पहले वारदात हुई थी।

कल की बात है। कल हुई थी हत्या। सुबह छह बजे। कल भी, आज सुबह जैसी ही ठंड थी। हाड़-हाड़ कँपा देनेवाली ठंड। दिसम्बर महीने की शुरुआत में ऐसी ठंड पहले नहीं पड़ती थी। कल सुबह, जब मैं बन-सँवरकर घर से निकला, घना कोहरा था। ओस से गीली हो रही थी धरती। शहर की गंदगी समेटकर बहते नाले के बाँध पर पसरी दूब की नोक से शीत की बूँदें टपक रही थीं।

इसी नाले के किनारे, बाँध के उस पार हमारी बस्ती थी। कुछ झुग्गियाँ... कुछ टिन के टप्परों वाले घर...और कुछ छोटे-छोटे कमरोंवाले छतदार पक्के मकान थे। अपने घर से निकलकर इसी बाँध की पगडंडी पर चलते हुए मैं आता। दूसरी ओर के बाँध पर सड़क थी, जिसे एक पतली पुलिया जोड़ती थी। मैं सड़क किनारे इसी पुलिया पर खड़ा होकर सिगरेट सुलगाता और स्कूल बस आ जाती—कभी चौथाई, कभी आधी, तो कभी पूरी सिगरेट और स्टेडियम वाली सड़क से इस सड़क की ओर मुड़ती हुई बस दिखती। बस पास आए, इसके पहले मैं सिगरेट बुझा देता। पुलिया के ठीक सामने आकर बस रुकती और मैं सवार होता। बस में बच्चे होते...मैथ पढ़ानेवाली एक खूसट बालकटी बुढ़िया मिस तनेजा, और ऐंठी हुई मूँछोंवाले पीटी सर पी.के.सिंह राठौर, और मैं। दो स्टॉप आगे विद्या चढ़ती। अपने स्टॉप पर वह हमेशा देर से पहुँचती। बस रुकती। दो-चार मिनट उसका इन्तज़ार करती और तब वह सब्ज़ीमंडीवाली गली से गिरती-पड़ती हुई निकलती। हाँफती हुई वह बस में घुसती और मेरे पास की सीट पर धम्म से गिर पड़ती। वह हमेशा मेरे साथ ही बैठती, हालाँकि पी.के.सिंह राठौर, जिन्हें हम सब पीठ पीछे हल्दीघाटी का भगोड़ा कहते, हर रोज़ अपने पास की सीट इस उम्मीद में ख़ाली रखते कि विद्या...लम्पट साला!

इतनी सुबह, नींद से अलसायी आँखोंवाले छोटे-छोटे बच्चों का स्कूल जाना मुझे कभी अच्छा नहीं लगा। स्कूल की बस से जाना मजबूरी थी, वरना मैं कभी

उनके साथ न जाता। अक्सर मेरा जी करता, कहीं किसी खुले मैदान या पार्क के पास पहुँचकर बस रुकवाऊँ औरं बस का दरवाज़ा खोलकर बच्चों को खेलने के लिए आज़ाद कर दूँ।

हाँ, तो मैं कल की बात कर रहा था। कल ग़ज़ब की ठंड थी। मैं हलके आसमानी रंग की जैकेट और गहरे नीले रंग की जींस पहने, अपनी जुल्फ़ें सहेजते हुए पुलिया के किनारे पहुँचा। बाँध पर चलते हुए मेरे जूते गीले हो चुके थे और पैरों तले रौंदी गई दूब के सूखे तिनके उनसे चिपके हुए थे। पहले मैंने सीमेन्ट की स्लैबवाली पुलिया पर पैर पटकते हुए जूतों को झाड़ने की कोशिश की और सिगरेट सुलगाने लगा। सिगरेट सुलगा ही रहा था कि वारदात हो गई।

वे चार थे। दो मोटरसाइकिलों पर दोहरा सवार होकर पहुँचे। पल भर को रुके। मैंने उनकी तरफ़ देखा। मैं मुस्कुराने ही वाला था कि आगे वाली मोटरसाइकिल के पीछे बैठे सवार ने दाग़ दिया—एक...दो...तीन...चार...और चारों भड़-भड़ करती मोटरसाइकिलों के साथ उड़ गए।

औंधें मुँह गिरी थी देह—आधी पुलिया पर और आधी सड़क पर। एक हलकी जुम्बिश के बाद सब कुछ शान्त हो गया। खून बहकर पहले पुलिया पर पसरा, फिर रिसते हुए कोलतार की सड़क पर फैलने लगा। अफ़रा-तफ़री मच गई। बाँध से सटकर नाले के पेट में छिपे सूअरों के झुंड में सबसे पहले अफ़रा-तफ़री मची। वे सब चीत्कार की अजीब ध्वनि निकालते हुए भागे, जैसे कोई उनका गला रेत रहा हो! दूध के लिए बूथ पर जाते हुए लोग...सुबह की सैर के लिए निकले लोग...चाय की दुकानों पर चाय सुड़कते हुए लोग...और वे तमाम लोग, जो सुबह की चर्या में शामिल होते हैं, पहले तो बदहवास भागे और फिर थोड़ी दूर पर धीरे-धीरे जमा होने लगे। इतने में बस आ गई। बस में बैठे बच्चे...पी.के. सिंह राठौर...मिस तनेजा...बस का ड्राइवर और खलासी—सब हत्प्रभ। लगभग आधा घंटा तक मजमा लगा रहा। बस में बैठे बच्चे डर के मारे आँखें मूँदे हुए अपनी सीट से चिपके थे। फिर पुलिस पहुँची और सबकुछ वैसे ही हुआ, जैसे ऐसी वारदातों के बाद हुआ करता है। पुलिस ने पहले स्कूल बस को रिलीज़ किया। अब इस आँखों-देखा हाल में क्या रखा है! रोना-बिलखना...पोस्टमार्टम...दाह-संस्कार—सब बीत चुका है।

मेरी टाँगें थरथरा रही हैं। तीस घंटे कम नहीं होते। मैंने अपने पैरों को धरती में

रोप दिया है। बहुत ज़ोर से नीचे की ओर पैरों को दबा रहा हूँ। हालाँकि मेरे टखने काँप रहे हैं। घुटने बार-बार मुड़ने लगते हैं। दोनों जाँघों का मांस ऐसे थलथला रहा है, जैसे किसी ने वाइब्रेटर बाँध दिया हो।

लोग जमा हो रहे हैं। लगभग जमा हो चुके हैं। अधिकांश मेरी ही उम्र के हैं। मेरे ही दोस्त-साथी हैं सब। कुछ अधेड़ और कुछ बूढ़े भी हैं। एक है वह दुबला-पतला धँसी हुई आँखोंवाला एक्टर, जो एक नाटक में गाँधी क्या बना, लोग उसे बापू पुकारने लगे। टोपी लगाए घूमनेवाले वह बैंक बाबू भी हैं, जो अपने थियेटर और संगीत प्रेम के कारण बैंक में कलाकारजी के नाम से प्रसिद्ध हैं। वह आँखें मूँदे खड़े हैं। बाँसुरी भी वह आँखें मूँदकर ही बजाते हैं। कभी नाटक, तो कभी बाँसुरी—दोनों के प्रेम में यह आदमी आधा तीतर और आधा बटेर है। लेखक मधुसूदन कुमार हैं। खिचड़ी दाढ़ीवाला यह आदमी कभी लेखक बन जाता है, तो कभी रंगकर्मी। एक सड़ियल नाटक लिखकर थियेटर में नाक घुसाए फिरते हैं मधुसूदन कुमार। सुना है, पहले कुछ नाटकों में अभिनय भी किया है। चुक्की दाढ़ीवाले आलम भाई हैं। क्रांतिकारी नाट्य-निर्देशक हुआ करते थे पहले, पर इन दिनों अधिकतर गुमसुम रहते हैं आलम भाई। सबसे उम्रदराज़ हैं पकी हुई दाढ़ीवाले चित्रकार। वह लकड़ियों को चीरकर उनके भीतर छिपी प्राकृतिक रेखाओं के छापे तैयार करते हैं। उनकी आँखें बहुत तीक्ष्ण हैं। कठोर तने को छेदकर प्रकृति की लीला को देखनेवाली आँखें। कजरारी आँखोंवाला वह कवि, जिसकी बकबक से लोग आजिज़ रहते हैं—सबसे आगे, बैनर लिये खड़ी लड़कियों के बीच खड़ा है। इस जुलूस में भाँति-भाँति के लोग शामिल हो रहे हैं।

अब जुलूस निकलनेवाला है। तैयारी हो चुकी है। सबसे आगे लड़कियाँ हैं—गहरे नीले रंग का बैनर लिये। कवि उनके बीच है, अपनी जुल्फ़ों में अँगुलियाँ फिराते, तो कभी अपनी कजरारी आँखों से बग़ल में खड़ी हुई विद्या को निहारते हुए।

एक रिक्शा आगे और एक पीछे है। दोनों पर लाउडस्पीकर लगे हैं। पीछेवाले रिक्शा पर अमित है—मेरा दोस्त अमित। वह मेरे साथ चार-पाँच नाटकों में काम कर चुका है। अमित बोल रहा है-''हलो...हलो...माइक टेस्टिंग...हलो...वन टू थ्री... हलो...हत्यारों को गिरफ़्तार करो...गिरफ़्तार करो...और वाल्युम बढ़ाओ...। अरे और तेज़ करो यार...कलाकार की हत्या क्यों?...जवाब दो।...हाँ...थोड़ा-थोड़ा गैप बनाकर...बीच में नहीं।...सबसे आगे लड़कियाँ रहेंगी बैनर के साथ।...ठीक उनके पीछे बीच में सीनियर्स रहेंगे...।''

मेरे पैर मेरा साथ छोड़ रहे हैं। पर अब चलना होगा। जुलूस में शामिल आगे बढ़ना ही होगा। धरती में रोपे गए पैर के तलुओं को उखाड़कर क़दम-ब-क़दम

रोपना होगा। रोपना...उखाड़ना...रोपना।

"आप आगे चलिए।...बीच में...सीनियर्स को बैनर लेकर चलती लड़कियों के पीछे, बीच में चलना है...चलिए सर।...चलिए भाई जी...।" मेरे नाट्यदल के निर्देशक कुछ लोगों को पीछे से आगे ले जा रहे हैं।

चित्रकार, बाँसुरीवादक, अभिनेता, इलेक्ट्रिशियन से लाइट डाइरेक्टर बने बूढ़े बंगाली दादा, दढ़ियल लेखक, आलम भाई और खादी का सफ़ेद कलफ किया कुर्ता पहने नाटक अकादमी के अध्यक्ष का चमचा—सब आगे आ जाते हैं। बैनर लिये लड़कियाँ और ठीक उनके पीछे ये कुछ लोग। इन सबों के पीछे दो पंक्तियों में शेष लोग। विद्या से सटकर खड़ा कजरारी आँखोंवाला कवि पीछे खिसक आता है।

'रंगकर्मी प्रशांत की हत्या क्यों?...हत्यारी सरकार जवाब दो।'

जुलूस अब चलने को है। नारों की आवाज़ गूँजने लगी है :

'प्रशांत के हत्यारों को...गिरफ़्तार करो—गिरफ़्तार करो!'

प्रेस और इलेक्ट्रॉनिक मीडिया के लोग जुलूस के सामने खड़े हैं। कैमरों के फ़्लैश चमक रहे हैं। कवि फिर धीरे से खिसककर लड़कियोंवाली पाँत में ठीक विद्या के पास खड़ा है।

विद्या रो रही है। कैमरों की मचलती आँखों से बेख़बर विद्या रो रही है। उसके हाथों में तस्वीर है—गत्ते पर सटी हुई, जिसे वह सीने से लगाए खड़ी है और रो रही है। विद्या की बड़ी-बड़ी कोया सी आँखें रोते-रोते सुर्ख़ हो गई हैं। सूज गई हैं उसकी आँखें। रोती हुई विद्या को लक्ष्य करते कैमरों की भीड़ उसके सामने जुटी है। देखते-देखते उसके चेहरे के सामने माइक्रोफ़ोन का गट्ठर बन जाता है। एक बाइट के लिए तरसते टेलीविज़नवालों को विद्या एक शब्द भी नहीं दे पाती।

जुलूस चलने लगा है। गाँधी मैदान की वलयनुमा बाहरी सड़क पर धीरे-धीरे चलता जुलूस—दुःख और क्षोभ से चीख़ता जुलूस, रंगकर्मी प्रशांत की हत्या का जवाब माँगता जुलूस आगे बढ़ रहा है।

मैं पीछे से आगे आ गया हूँ। पीछे शोर ज़्यादा है। वैसे भी पैर घसीटते हुए पीछे-पीछे चलना मुझे कभी नहीं भाया। पर क्या करूँ? थक गया हूँ। अब तो तीस घंटे से भी आगे निकल गया समय। आलम भाई और मधुसूदन कुमार साथ-साथ चल रहे हैं।

"शोक सभा गाँधी मैदान में होगी?" आलम भाई पूछते हैं।

''सुना तो है।...ठीक वहीं, जहाँ पिछले दिनों पुस्तक मेला में उसने नुक्कड़ नाटक किया था।'' मधुसूदन कुमार के स्वर में थरथराहट है।

''तुमने उसे उस दिन परफ़ॉर्म करते हुए देखा था?'' आलम भाई फिर पूछते हैं।

''हाँ, देखा था।...कुछ समझ में नहीं आता कि आख़िर क्यों मार डाला उसे?''

''विद्या को देखा आपने?'' फुसफुसाती हुई आवाज़ में इस नए सवाल के साथ कवि पीछे खिसक आया है।

''हाँ, सब देख रहे हैं।'' आलम भाई अपनी चिढ़ दबाते हुए कहते हैं।

''बहुत रो रही है। कल भी दिन भर रोती रही। आज भी, जब से आई है... रो ही रही है।'' बनावटी दुख चिपकाए कवि के चेहरे की त्वचा के भीतर से शरारत छलक रही है।

''दोस्त था उसका। मैं जानता हूँ, बहुत अच्छा दोस्त था उसका। कई नाटकों में दोनों ने साथ-साथ काम किया था।...दोनों एक ही स्कूल में साथ-साथ पढ़ाते भी थे। वह संगीत टीचर था और विद्या ड्रामा टीचर।'' मधुसूदन कुमार सारी सूचनाएँ देकर कवि से पीछा छुड़ाना चाहते हैं।

कवि फिर फुसफुसाता है—''आँखें लाजवाब हैं विद्या की।...और रोती हुई आँखें! बड़ी-बड़ी सुर्ख़ आँखें! जादूगरनी है यह लड़की।''

''चुप रहो यार!'' आलम भाई कवि पर झपटते हैं।

''चुप तो हूँ, पर जाने क्यों मुझे लगता है कि कहीं कुछ मामला था ज़रूर।... रोना तो ठीक है, पर ओवर एक्टिंग से सन्देह पैदा होता है कि...''

''बेहूदगी बन्द कीजिए आप।...चुप रहिए।...कवि हैं या हत्यारे?'' मधुसूदन कुमार दाँत पीसते हुए दबी ज़ुबान में डपटते हैं।

बिना बुरा माने कवि फिर आगे खिसक लेता है। नारे तेज़ हो गए हैं। पुलिस की गाड़ियों ने इस छोटे से जुलूस को अपने घेरे में ले लिया है। जुलूस के साथ मंथर गति से चलती एक गाड़ी आगे और एक पीछे। जुलूस आगे बढ़ रहा है। पीछे चलती पुलिस की जिप्सी में आगे बैठा पुलिस अधिकारी अपने कंट्रोल रूम में बैठे अधिकारी को सन्देश दे रहा है—''...सर!...सौ के आसपास लोग हैं सब... कलाकार हैं सब...नाटक-वाटक करनेवाले हैं सब...बैरिकेटिंग की ज़रूरत नहीं है सर,...सेक्रेटेरियट नहीं जाएगा सब...एग्रेसिव नहीं है सर...हाँ सर...एक्ज़ीविशन रोड...डाकबँगला रोड...फ्रेज़र रोड होते हुए...वापस गाँधी मैदान।...यही रूट है सर...वहीं कन्डोलेंस करेंगे सब...सर...यस सर...ओवर एंड आउट सर...।''

जुलूस को पीछे से ठेलती हुई जिप्सी चली जा रही है। गाँधी मैदान की यह वलयनुमा बाहरी सड़क छूट रही है। लगभग दो किलोमीटर का चक्कर काटकर

फिर इसी सड़क में इसे मिलना है और उत्तरी गेट से भीतर प्रवेश करना है।

मैं अब चलना नहीं चाहता। धूप निकल आई है। कोहरे और ठंड के मौसम में धूप का मज़ा ही अलग होता है। बेहतर होगा, मैं अपने निर्धारित रास्ते पर जाते इस जुलूस को छोड़ दूँ...बाहर निकल आऊँ और इस दक्षिणी गेट से गांधी मैदान के भीतर चला जाऊँ। पुस्तक मेला में जहाँ नुक्कड़ नाटक हुआ था, ठीक उसी जगह पर बैठकर धूप सेंकते हुए जुलूस के वापस आने का इन्तज़ार करूँ।

मैं सड़क पार करता हूँ और फिर गाँधी मैदान की फेंस। जैसे-तैसे फूलों की क्यारियाँ लाँघकर टाँगें घसीटते हुए मैदान की ओर बढ़ता हूँ। इन तीस-बत्तीस घंटों में सबसे बड़ा फ़र्क़ यही आया है कि मैं टाँगें घसीटकर चलने लगा हूँ। पहले मैं बहुत तेज़ चलता था—मस्ती में।

मैं ठीक वहीं खड़ा हूँ, जहाँ हम सबने नाटक किया था। यहीं...ठीक यहीं सैकड़ों लोग एक गोल घेरे में जमा थे और हम सब नाटक कर रहे थे। चारों तरफ़...बहुत बड़े दायरे में पुस्तकों के स्टॉल थे...हज़ारों लोगों की आवाजाही थी... संस्कृति के पहरुओं की ठनकती हुई आवाज़ें थीं। आज फिर यहीं आएँगे सब। यहीं आकर जुलूस को शोकसभा में बदल जाना है।

मैं बैठ जाता हूँ। मेरे चारों तरफ फैला है हरी दूबों से पटा मैदान। मैदान को पार करनेवाले लोगों के पाँवों से पगडंडियों की कई रेखाएँ बनी हुई हैं। इन रेखाओं पर लगातार लोगों का आना-जाना लगा हुआ है। हर दिशा में लोग ही लोग हैं। पूर्वी छोर पर एलिफिंस्टन सिनेमा के ठीक सामनेवाले हिस्से में यौनशक्तिवर्द्धक बूटियाँ बेचने और जवानी का रहस्य समझानेवाले मजमेबाज़ों को घेरे भीड़ जुटी है। रिज़र्व बैंक के सामनेवाले भाग में ढोलक की थाप और आल्हा की तान पर झूमते लोगों की भीड़ है। कहीं कान से मैल निकालनेवाले तो कहीं हाथों की रेखाएँ पढ़नेवाले बैठे हैं। खोमचेवाले अपनी टाँस-भरी आवाज़ में अपनी उपस्थिति दर्ज़ कराते घूम रहे हैं। इस विशाल मैदान में इस समय पचासों तेन्दुलकर और सहवाग चौके-छक्के मार रहे हैं। यह सब हर रोज़ होता है यहाँ, पर आज जो उत्फुल्लता है, उसे कई दिनों के बाद धूप की आवक ने जना है।...कौन कहता है कि सूरज नहीं चलता, स्थिर रहता है! झूठ है सब। किसी दूर देश की यात्रा से लौटा है सूरज। उसे फिर यात्रा पर निकलना है। वह मुझसे दूर खड़े ध्वज-स्तम्भ के शिखर पर थोड़ी देर विश्राम के लिए रुका है और जादूगर की तरह अपनी झोली से धूप के छोटे-छोटे पंछियों को निकालकर गाँधी मैदान में छोड़ रहा है। अपने पंख खोले इधर-उधर उड़ रहे हैं धूप के पंछी। गाँधी की काली मूर्ति की नाक पर, लाठी की नोक पर, कमर से लटकी घड़ी पर...खोमचावालों की फलियों पर...ज्योतिषी के

सुग्गावाले पिंजड़े पर...तेलमालिश करनेवालों के बक्सों पर...तेन्दुलकरों के बैट पर,...चारों तरफ़ फैले हैं और फुदक रहे हैं धूप के पंछी।

वारदात से ठीक पहले ऐसे ही फुदकते फिरता था मैं। उस दिन भी पुलिया पर फुदकते हुए ही आया था। पुलिया पर पहुँचकर सीमेंट की स्लैब पर जूतों को झाड़ने के लिए थोड़े ही पाँव पटके थे मैंने! नहीं!...मैंने तो अपने पंख फड़फड़ाए थे। ठीक वैसे ही, जैसे परवाज़ भरने से पहले पंछी अपने पंख फड़फड़ाते हैं।...सब कुछ ऐसे आनन-फानन में हुआ कि...सिगरेट को छूती माचिस की लौ आँखों के सामने आकर चक्कर काटते विशाल काले खोह में बदल गई। नदी के जल में जैसे भँवर पड़ता है, वैसे ही तेज घूमता विशाल काला भँवर...।

''काला भँवर है प्रेम।...और कुछ भी नहीं।...एक भयानक काला भँवर।'' मानू भाई कहता है।

प्रेमदीवानी विद्या की दीवानगी को लेकर मानू भाई के पास ऐसे अनेक संवाद हैं। हम तीनों यानी मैं, विद्या और मानू भाई अकसर साथ होते हैं। और जब कभी विद्या अपने प्रेम की गठरी से कोई पीड़ा-प्रसंग निकालकर सुबकने लगती है, मानू भाई किसी ऐसे ही संवाद से अपनी बात शुरू करता है।

एक दिन विद्या ने कहा—''बस, अब बहुत हुआ।...अब मैं उसकी किसी बात पर विश्वास नहीं करूँगी।''

''तुम्हें यह फ़ैसला बहुत पहले ले लेना चाहिए था,'' मैंने कहा।

मेरी बात अनसुनी करते हुए मानू भाई ने कहा—''नहीं विद्या, वो फिर झूठ बोलेगा और तू फिर उसकी बात मानेगी। यही तो है काला भँवर।''

मैं फिर बीच में टपका—''काला भँवर या काला भँवरा?''

''चुप बे!'' मानू भाई डाँटते हुए बोला—''काला भँवरा नहीं...काला भँवर।...ब्लैकहोल। एक बार घुसे, तो घुस गए समझो...बाहर आना असम्भव।''

मैंने ज़िद की—''नहीं, भँवरा।...भँवर नहीं, भँवरा। मानू भाई! वसंत ऋतु में खिले फूल पर मँडराता भँवरा है प्रेम। जितनी बार भगाओ, उतनी बार भन-भन करता हुआ आकर बैठ जाता है मन की पँखुरियों के भीतर।''

''बहुत कविताई झाड़ रहा है बे!...देख रहा हूँ, तेरा चाल-चलन आजकल गड़बड़ हो रहा है।...वसंत ऋतु...फूल...पँखुड़ी...प्रेम...भँवरा—सब-के-सब जादूगरों के टोटके हैं। अन्त में ब्लैकहोल ही बचता है। प्रेम के चक्कर में जो लोग नाच

रहे हैं, उनसे पूछ। फिर पता चलेगा कि ब्लैकहोल है या कालिदास का भँवरा!'' मानू भाई की आवाज़ टन्न-टन्न बज रही थी, चढ़े हुए तबले के दाएँ की तरह।

''मानू भाई, तुम कुछ भी कहो, पर भँवरा...''

''अबे, तू बन्द करेगा अपना भँवरा पुराण या दूँ एक लात?...जुम्मा-जुम्मा छह दिन भी नहीं हुए तेरी पैदाइश के...तेरा छठियार भी नहीं हुआ अभी, और भँवरा के चक्कर में पड़ रहा है! अबे, तू मेरी फिलॉसफी को काट रहा है?...बच्चा है अभी तू...बच्चा। तू क्या टिकेगा मेरी फिलॉसफी के सामने! आजकल तू बहुत उड़ने लगा है।...खोया-खोया जाने कहाँ उलझा रहता है! मैं कई दिनों से देख रहा हूँ तुझे।...और बातें भी तू उलझी-उलझी करने लगा है। लहरों के राजहंस मेरे! वसंत ऋतु बहुत जानलेवा चीज़ है। वसंत...फूल...भँवरे को तूने देशी दारू का पाउच समझा है क्या?...चल विद्या, निकाल दस रुपए—पाँच हैं मेरे पास। चल, जल्दी निकाल।''

''कुत्ते हो तुम दोनों।...ख़ाली भौं-भौं करना जानते हो। न दूसरों की सुनोगे, न समझोगे।...दूसरे को क्या समझोगे, जब अपने को ही नहीं समझ सके।'' विद्या बिफरती हुई उठकर खड़ी हो गई।

''मैं...मैं तो पैसे नहीं माँग रहा और न ही मैं पाउच पीता हूँ।...फिर तू मुझे क्यों कोस रही है?'' मैंने सफ़ाई दी।

''तुझे भी समझ रही हूँ मैं। ठीक कहता है मानू। आजकल तेरे भी पंख निकल आए हैं। मेरी जान पर बनी हुई है और तुझे भँवरा...फूल और वसंत सूझ रहा है?'' आँसू में डूबती-उतराती विद्या मुझपर अपनी खीज मिटा रही थी।

''मानू भाई, मैं चला...'' मैं पीछा छुड़ाकर भागना चाहता था कि मानू भाई ने हाथ पकड़ लिया।

''जाता कहाँ है? देख।...भँवरा दिखाता हूँ तुझे।...देख, विद्या की आँखों को देख ग़ौर से...इसकी रोती हुई बड़ी-बड़ी काली आँखों को देख...''

''चुप रहो।...तुम सब एक जैसे हो। झूठे और मक्कार।...लो दस रुपए।'' पर्स से दस का नोट निकालकर मानू भाई के सामने फेंकती हुई विद्या चली गई।

हम दोनों जाती हुई विद्या को देखते रहे। विद्या के ओझल होते ही मैंने मानू भाई को देखा। उसके खुरदुरे चेहरे पर जैसे-तैसे चिपकी मिचमिचाती हुई आँखों में लबालब आँसू थे। अपनी आँखों की चुग़ली पकड़ में आ जाने से, पहले तो वह हिचकिचाया। फिर धीमी आवाज़ में बोला—''सँभल के प्रशांत...अगर तू प्रेम कर रहा है, तो सँभल जा।...इक आग का दरिया है...यानी ब्लैकहोल...काला भँवर।''

"मानू भाई! ऐसा कुछ भी नहीं है मानू भाई।...तुम।" मैं बोल नहीं पा रहा था।

"तू निकल, मैं आ रहा हूँ।...फिर बैठेंगे थोड़ी देर।"

"मानू भाई, मेरे वाले म्युजिक पीस पर काम करना है। कल गड़बड़ हुई, तो सुबोध भाई कच्चा चबा जाएँगे मुझे।"

"तू फिकर मत कर...सब हो जाएगा। मैं गया और आया।" मानू भाई ने अपने स्वर पर क़ाबू पा लिया था। हम दोनों अलग हुए। वह दारू के सरकारी ठेके की ओर गया और मैं घर।

हम दोनों एक ही बस्ती में रहते हैं। पहले यह बस्ती शहर के पूर्वी छोर पर थी, पर अब शहर के विस्तार ने इसे अपने पेट में ले लिया है। शहर की गन्दगी लेकर गंगा तट की ओर जाते नाले के किनारे बसी इस बस्ती की झुग्गियों में हमारा जन्म हुआ। जिनके घर टिन-करकट-पालिथिन की छाजन से विकसित होकर छोटे-छोटे दड़बेनुमा एक मंज़िला मकानों में बदल गए, उनमें हमारा घर भी शामिल हुआ। इस बस्ती में कोई किसी की ज़ात नहीं पूछता। सूअरों के झुंड से लेकर जर्सी गायों तक को पालनेवाले लोग हमारी बस्ती में हैं। जुआ, शराब, रंडीबाज़ी और चोरी यहाँ शर्म की बात नहीं। रद्दी चुनकर बेचने से लेकर कच्ची शराब तक के धन्धे को यहाँ प्रतिष्ठा प्राप्त है। इस शहर की मशहूर इमारतों को आकार देने और सजाने-सँवारनेवाले राजमिस्त्री इस बस्ती में रहते हैं। यहाँ के लोग अलस्सुबह जागते हैं और बग़ल की कृषि बाज़ार समिति से फल-सब्ज़ियाँ और मछली लेकर अपने-अपने ठेलों-टोकरियों के साथ पूरे शहर में फैल जाते हैं। समय-चक्र का सबसे जीवन्त हिस्सा यहाँ रात होती है। रात में यह बस्ती दुनिया के सबसे मनोरंजक रंगमंच में बदल जाती है। यहाँ ट्रेज़िडी को भी कॉमेडी की तरह मंचित किया और देखा जाता है।

मानू भाई मुझसे सात साल बड़ा है। मैं बाईस का और वह उनतीस का। इसी सात साल की पूँजी के बल पर वह लगातार मुझ पर शासन करता रहा है। अब तो डाँट-फटकारकर या गालियाँ देकर छोड़ देता है, पर बचपन में पीटता भी था। यही सात साल मेरे लिए भी पूँजी हैं। इसी पूँजी के बल पर मैं जब हठ कर बैठता हूँ, तो वह मेरे सामने घुटने टेक देता है। मेरी नाराज़गी का एक पल उसके लिए एक जन्म जितना लम्बा होता है। मेरी माँ इस नाले के उस पार बसे बड़े लोगों के मुहल्ले में नौकरानी का काम करती थी। पिता ठेले पर सब्ज़ी बेचते थे। दोनों नहीं रहे। चार भाइयों में मैं सबसे छोटा हूँ। सबसे बड़ा भाई पिता वाली जगह पर ही ठेला लगाकर फल बेचता है। दूसरा भाई प्लम्बर है। तीसरा ऑटो

रिक्शा चलाता है। बहन अपने पति के साथ इसी शहर के दूसरे हिस्से में रहती है। सुखी परिवार है मेरा।

मानू भाई का परिवार बहुत छोटा है—उसकी माँ और वह। मानू भाई की माँ को मैं चाची कहता हूँ। चाची पिछले सात वर्षों से हर शनिवार को पीपल के पेड़ को जल का अर्घ्य देती और काले कुत्ते को रोटी खिलाती है। मानू भाई पर शनि की साढ़ेसाती है। छह महीने बाक़ी हैं साढ़ेसाती उतरने में। चाची की लगातार कोशिशों के बावजूद मानू भाई शादी के लिए तैयार नहीं होता। चाची को उम्मीद है, जल्दी ही उसके दिन बहुरेंगे और मानू भाई शादी के लिए हाँ कह देगा।

मानू भाई के पिता को मैंने नहीं देखा। मानू भाई को भी पिता की याद नहीं। अपनी माँ की बातें सुन-सुनकर मानू भाई ने अपने पिता की एक आकृति मन ही मन गढ़ ली है। चाची बताती हैं कि वह मानू भाई जैसे ही लम्बे-छरहरे और गोरे थे। ठीक मानू भाई जैसी ही खड़ी नाक थी उनकी। गले की टाँस मानू भाई से बीस थी। तेज़ गिरती वर्षा की बड़ी-बड़ी बूँदों की तरह उनकी अँगुलियाँ गिरती थीं ढोलक की चमड़ी पर। वह फाग गाते तो...। मानू भाई ठीक अपने पिता की तरह ढोलक बजाना चाहता है। वह चाहता है, अपने पिता की तरह फाग गाना। वह चाहे जितना कोसे मुझे, पर मैं जानता हूँ कि वह अपने ढोलक की थाप और अपने गले की तान से इस पृथ्वी पर खिले फूलों के पराग को आकाश तक पहुँचाने की लालसा में जी रहा है। जो जीवन पिता नहीं जी सके, या जिस जीवन को लूट ले गए हत्यारे, मानू भाई उस जीवन को बचाना चाहता है। वह अपनी माँ के गर्भ में था, तभी उसके पिता की हत्या हो गई थी। वह अपनी नवोढ़ा पत्नी के साथ अपने गाँव से भागकर शहर आए थे और इस बस्ती के नागरिक हो गए थे। बौराए वसंत की तरह उन्होंने नीच कुल की स्त्री से प्रेम किया और अपने ब्राह्मण-कुल को अँगूठा दिखाकर गाँव से नाता तोड़ लिया। पिता, चाचा और भाइयों की नाक काटकर शहर लेते आए थे मानू भाई के पिता। वे सब अपनी नाक खोजते शहर पहुँचे और उनका गला काटकर चलते बने। लोग बताते हैं कि बिना सिर के उनकी लाश इसी नाले के किनारे पड़ी मिली थी।

पिता की हत्या के तत्काल बाद मानू भाई अपनी माँ के गर्भ से बाहर निकला। उस समय सातवाँ महीना चल रहा था। सातवें महीने की संतान काल का ग्रास बनने के लिए पैदा होती है। पर मानू भाई काल को मुँह चिढ़ाता रहा। जादू-टोना, जंतर-मंतर और दवा-दारू के बल पर चाची ने उसे हर बार काल के गाल से खींचकर बाहर निकाला। चाची ने हर मंदिर और दरगाह में माथा पटका...

ओझा-गुनियों के यहाँ भभूत और अक्षत बटोरती रही ...डाक्टरों-वैद्यों के यहाँ पैसे लुटाती रही, तब कहीं जाकर मानू भाई के बचपन का दुःस्वप्न बीता। मानू भाई ने इस दुःस्वप्न की सिर्फ़ एक याद को सँजोकर रखा है, और वह है दारू। बचपन में होमियोपैथिक दवा की शीशियों से पानी में दो बूँदे टपकाकर दवा लेने की जो आदत पड़ी, वही आज तक जारी है। मानू भाई के लिए दारू की व्यवस्था सुबोध भाई करते। पर सिर्फ़ उन्हीं दिनों, जब उन्हें अपने नाटक का काम निकालना होता। बाक़ी दिनों में वह इधर-उधर हाथ-पाँव मारता है ...पर मुझसे दारू के लिए आज तक एक पैसा नहीं लिया उसने। कभी देना चाहूँ, तो भी नहीं। हाँ, विद्या से गाहे-बगाहे दस-पाँच झटक लेता है।

विद्या मुझसे बड़ी और मानू भाई से छोटी है। वह विद्या को बहुत प्यार करता है। मुझसे ज़्यादा। हालाँकि, विद्या का मानना है कि मानू भाई मुझे ज़्यादा प्यार करता है। हो सकता है, हम दोनों ग़लत हों। मानू भाई कि फिलॉसफी है कि पुरुष प्रेमिका या पत्नी के रूप में औरत को कभी ईमानदारी से प्यार नहीं करता। बाक़ी रिश्तों में वह औरत के प्रति काफ़ी ईमानदार होता है। उसका कहना है कि स्त्री सिर्फ़ अपने प्रेमी के प्रति ईमानदार होती है और दूसरे रिश्तों की छाती पर पाँव रखकर वह कभी भी अपने प्रमी के गले में बाँहें डाल सकती हैं।...बस, ऐसी ही बातों पर विद्या मानू भाई से लड़ पड़ती है। वह चीख़ती-चिल्लाती है, पर इस अखिल विश्व में सिर्फ़ मानू भाई ही है, जिसके सामने वह अपने जीवन के दुःखों की गठरी खोलती है। वह अपने प्रेम-प्रसंग के तमाम ज़ुल्म-ओ-सितम ऐसे बयान करती है, जैसे किसी वैद्य के सामने रोगों का बखान कर रही हो। वसंत के उन्माद में बौराई उसके भीतर की औरत जब-जब पिघलकर सुनहली मदिरा में तब्दील हुई है, मैंने मानू भाई को परेशान देखा है। इतना परेशानहाल कि लत बन चुकी शराब तक को वह भूल गया है। बतास बनकर विद्या के भीतर फूटती वसंत की हवा की आहट पाते ही मानू भाई की अँगुलियाँ ढोलक पर थाप देने के प्रति उदासीन हो गई हैं। मानू भाई ऐसे समय में चुप-चुप रहता है। लगभग भयभीत सा। विद्या के रगों में बहते रुधिर का संगीत जब उसके चेहरे से छलकने लगता है, मानू भाई की मिचमिचाती आँखों में किसी गहरे अवसाद की प्रतीक्षा होती है। रोती-बिसूरती विद्या ...रेत की ढूह-सी पसरी विद्या ...अपने दुःखों के द्वीप में सिर पीटती विद्या को सँभालने के लिए वह हर बार अपने को सहेजकर रखता है।

अपनी आत्मा पर अपमान, प्रपंच और उपेक्षा की लिखावटें लिये, वसंत लुटाकर जब-जब लौटती है विद्या, मानू भाई बहुत धीरज के साथ राख की ढेर से चिंगारी ढूँढ़ता है और विद्या को रचने लगता है। वह कभी आग से नहीं डरता।...वह पानी से नहीं डरता।...वह सिर्फ़ वसंत से डरता है।

विद्या ने जब अपने माँ-बाप का घर छोड़ा और हमारी बस्ती की नागरिकता लेने चाची के पास पहुँची, उस रात मानू भाई ने उसे निरगुन गाकर सुनाया था—'पानी के पियासल हिरना...पानी के पियासल...'

चाची ने बिना लाग-लपेट के पूछा—"किसके लिए घर छोड़ आई रे विद्या ?"

"नाटक के लिए।"

"चाची से छल करती है रे?...सब समझती हूँ मैं।"

"तुमसे छल नहीं चाची।...अपने से छल कर रही हूँ।"

दूसरे दिन फिर चाची ने पूछा--"उसने क्या कहा? गई थी कि नहीं?"

"नहीं चाची।"

"जानती हूँ। तुझे भी और उसे भी।...तेरा जी चाहे, तो तू यहीं रह। मेरे साथ।...क्यों रे मानू?"

"नहीं माँ, इसका यहाँ रहना ठीक नहीं। तू फिकर मत कर।...रंगमंच की इस महान अभिनेत्री को मैं दर-दर की ठोकरें तो नहीं ही खाने दूँगा।" मानू भाई हँसा था।

विद्या के माता-पिता आए। बहन-बहनोई पहुँचे। सब उसे मनाते-समझाते रहे, पर विद्या नहीं लौटी। सप्ताह भर बाद विद्या ने अलग रहना शुरू किया। पहले विद्या को नौकरी मिली और फिर एक साल बाद उसी स्कूल में मैं भी लग गया।

आत्मनिर्भर विद्या के पाँव हिरनी की तरह कुलाँचे भरने लगे। वह अपने प्रेमी के जन्मदिन पर उपहार ख़रीदना नहीं भूलती। अपने लिए मंगलाहाट से सस्ते कपड़े ख़रीदती और उसके लिए ब्रान्डेड जींस-टीशर्ट और जूते। विद्या ने एक-एक पाई जोड़कर सेलफ़ोन ख़रीदा ताकि निरन्तर उससे सम्पर्क में बनी रहे। विद्या के बार-बार फ़ोन करने पर वह झुँझलाता। कभी वह बेहद सर्द आवाज़ में बोलता, तो कभी डपट देता, पर वह एक 'हैलो' सुनने के लिए बहाने ढूँढ़ती रहती। वह विद्या के पास आता और विद्या उसके लिए वह सब कुछ करती, जो उसका इच्छित होता।

एक दिन विद्या ने मानू भाई से कहा--"मानू! मैं जानती हूँ कि तेरी फिलॉसफी की कसौटी पर मैं और मेरा प्रेम, दोनों खोटे हैं।...पर मैं जीना चाहती हूँ, और मुझे लगता है कि मेरे जीने की शर्त वही है। मुझे मालूम है कि वह मुझसे

लुकाछिपी का खेल खेलता है। छिपना और दिख जाना...दोनों उसके ही हाथ में है।...फिर भी मैं उसे पूरी ईमानदारी से ढूँढ़ती हूँ। यह जानते हुए भी कि वह न चाहे, तो न दिखे,...मैं उसे ढूँढ़ती रहती हूँ।...मानू रे, मैं उसके बच्चे की माँ बनना चाहती हूँ।''

''विद्या, तेरा दिमाग़ ख़राब हो गया है,'' मैंने कहा।

''तू चुप कर । बीच में मत बोल। मैं मानू से बात कर रही हूँ।...प्यार की संतान अवैध नहीं हुआ करती।'' उसने दृढ़ता से प्रतिवाद किया। मानू भाई की ओर मुख़ातिब होकर पूछा—''तू मेरा साथ देगा मानू?''

उसकी काली पलकों के ठीक पीछे जलती आग की सुनहली आभा में उसका चेहरा दमक रहा था।

''नीबूवाली चाय लेकर आ।'' मानू भाई ने मौन तोड़ा।

हम तीनों रिहर्सल के बाद विदा होने से पहले एक पुलिया पर बैठकर गप्पें हाँकते और चाय पीते। पुलिया के उस पार थी चाय की दुकान। मैं चाय बोलकर लौटा और चुपचाप बैठ गया। गिलास में हलके नारंगी रंग की चाय लिये चायवाला आया। हमने चाय पी और बिना किसी बातचीत के अलग हुए। मानू भाई उस दिन दारू पीने नहीं गया। मुझे नहीं मालूम कि मेरी कुछ देर की अनुपस्थिति में उन दोनों के बीच क्या बातें हुईं! बातें हुईं भी या नहीं!

विद्या कभी प्रसन्न रहती, कभी उदास। कभी धीमे बोलती, तो कभी चहकती। कभी उसकी मुस्कुराहट की धूप में ख़ुद उसका ही चेहरा सतरंगी आभा से भर जाता, तो कभी उसका चेहरा इतना उदास लगता, मानो प्रतीक्षा में थककर अलसायी आँखों का बोझ ढो रहा हो!

मानू भाई बेचैन रहने लगा था। विद्या की आत्मा और देह के भीतर पलते वसंत की गंध जब-जब छनकर बाहर आती, मानू भाई की बेचैनी बढ़ जाती। दुविधा के क्षणों में जब विद्या की आँखों के कोर भींगते, मानू भाई उसे एकटक निहारता। विद्या ने नए नाटक से अपने को अलग कर लिया था। वह रिहर्सल में आती। कुछ देर बैठती और चली जाती। पुलिया पर बैठने, चाय की चुस्कियाँ भरने और गप्पें हाँकने का सिलसिला टूट गया। लगभग एक महीने तक ऐसे ही चलता रहा। नाटक का मंचन हुआ। मंचन की रात वह अनुपस्थित रही। मैं दूसरे दिन मानू भाई के साथ उसके घर पहुँचा, तो विद्या वहीं मिली। वह पहले से पहुँची हुई थी। वर्षा में भींगी हुई हल्दीचिरैया की तरह उसका पीला-निस्तेज चेहरा देखकर मुझे काठ मार गया।

''विद्या, क्या हुआ तुझे?'' मैंने पूछा।

''कुछ नहीं।...तू बैठ।'' विद्या के बदले चाची ने जवाब दिया।

विद्या मुस्कुरा रही थी। दर्द की नीली गहरी लकीर सी मुस्कान। एक ऐसी मुस्कान, जो चमकती धूप या पूरे चाँद की रात की आभा को बेधती हुई साफ़-साफ़ दिख जाए। मानू भाई अपने ढोलक की रस्सी कस रहा था।

हम दोनों बाँस की सीढ़ी से छत पर चढ़े। मैं एक अच्छे शागिर्द की तरह गिलास और पानी लेकर आया। मानू भाई ने ढोलक मिलाया। रात हो चुकी थी। अँधेरे के बावजूद बस्ती में चहल-पहल थी। मानू भाई ने जेब से दारू का पाउच निकाला और पहली ख़ुराक लेकर ढोलक मेरी ओर सरका दिया। बोला—''तू बजा...मैं गाऊँगा।''

मानू भाई ने गुनगुनाना शुरू किया। वह सुर और धुन टटोल रहा था। जिस धुन का छोर पकड़कर उसने गाना शुरू किया, वह सोहर की धुन थी। प्रसवकाल और जन्मोत्सव पर गाए जाने वाले गीत की धुन थी। मैंने मानू भाई के चेहरे को विद्या के चेहरे में बदलते हुए देखा। मैंने देखा कि मानू भाई की मिचमिचाती हुई आँखें, विद्या की बड़ी-बड़ी कजरारी आँखों में बदल गईं। वह गा रहा था—

''जनमलौं मैं दुखवा की रात, डुबलौं भव-सागर हो,
आहे राम सेजिया पर भरम भुलइलौं, पिया मोरे आगर हो।
दिहलौं मैं अभरन बहाय, बसन सब फारि दिहलौं हो,
आहे राम पिया मोरे...''

''मानू!...बंद कर गाना-बजाना।'' चाची की चीख़ती हुई आवाज़ तोप के गोले की तरह आकर छत पर गिरी। आगे के बोल मानू भाई के कंठ में फँस गए। ढोलक पर गिरतीं मेरी अँगुलियाँ ठिठक गईं। आँधी की तरह सीढ़ी चढ़ती चाची ऊपर आई और बोली—''क्यों रुला रहे हो उसे तुम लोग?...क्यों रे मानू, सोहर गाने का बहुत शौक चढ़ा है तुझे?...अरे हत्यारो! क्या बिगाड़ा है उसने?''

मानू भाई फूट-फूटकर रोने लगा। चाची उसके पास आई। उसके बालों में अँगुलियाँ फिराती हुई बैठ गई। मानू भाई का चेहरा अपनी हथेलियों में भरकर उसे निहारा और फिर उसे अँकवार में भर लिया।

नाटक ख़त्म होने के बाद सुबोध भाई दक्षिण की यात्रा पर चले गए। एक पुराने नाटक का रिहर्सल करते रहने का निर्देश दे गए थे। हम सब उसी में जुट गए। विद्या अपने कमरे में वापस लौट आई थी। उसे देखकर लगता, वह किसी लम्बी और थका देनेवाली यात्रा से लौटी है। थकान से बोझिल उसके चेहरे पर कभी-कभी फीकी हँसी आती और चुपके से अवसाद के चिह्न छोड़ जाती। पहले की तरह ठाटें मारता हुआ उमंग का समुद्र उससे दूर जा चुका था। पहली नज़र

में भा जानेवाली उसकी बड़ी-बड़ी आँखों में अब एक मद्धिम लौ वाला चिराग जलता हुआ दिखता। उसकी नाज़ुक ताम्बई देह का रंग धूसर हो गया था। उसने स्कूल जाना शुरू किया। वह दोपहर बाद स्कूल से लौटती और अपने कमरे में बंद हो जाती। एक दिन मानू भाई उसे साथ लेकर रिहर्सल में पहुँचा। फिर धीरे-धीरे शाम को रिहर्सल करना...रिहर्सल के बाद पुलिया पर बैठकर चाय की चुस्कियाँ भरना शुरू हुआ। मेरी उम्मीद के विपरीत यह विद्या की वापसी थी।

सुबोध भाई दक्षिण से लौटे। पुराने नाटक का प्रदर्शन हुआ। वह कई नए प्रॉजेक्ट लेकर लौटे थे। हम सब नए नाटक की तैयारी में लग गए। विद्या मुख्य भूमिका कर रही थी। मानू भाई नाटक का संगीत तैयार कर रहा था। ये दिन मेरे लिए उत्साह के थे, क्योंकि इस नाटक में पहली बार मैं एक बड़ी भूमिका में था।

हमारी बदनाम बस्ती से सबसे पहले मानू भाई नाटक की दुनिया में गया था। उसे सुबोध भाई ले गए थे। मानू भाई के बाद कुछ और लोग गए। जुआ खेलने और बीड़ी-सिगरेट फूँकनेवाले आवारा लड़कों को ले जाकर नाटक की दुनिया में बसाना आसान काम नहीं था। मानू भाई मुझे बारह की उम्र में ले गया। इन दस वर्षों ने मेरी दुनिया ही बदल दी। नाटक करते हुए मैंने पढ़ाई पूरी की। सुबोध भाई का रिहर्सल-रूम बना मेरी पहली पाठशाला। बिना स्कूल गए चार वर्षों की कड़ी मेहनत के बाद मैंने ड्रॉपआउट छात्र के रूप में मैट्रिक परीक्षा दी। फिर कॉलेज में दाख़िला लिया।...और फिर एक दिन आया, जब संगीत के विशेष-पत्र के साथ ग्रैजुएट बंना। विद्या के ही स्कूल में संगीत टीचर बहाल हुआ। यह एक अविश्वसनीय यात्रा रही है—मेरे लिए, मेरे घर और मेरी बस्ती के लोगों के लिए।

कल हुई वारदात के बाद मुझे मानू भाई की फिलॉसफी पर विश्वास कर लेना चाहिए, पर मेरा मन नहीं मानता। मैं कैसे मान लूँ कि प्रेम, प्रेम नहीं होता है... काला भँवर होता है! ब्लैकहोल! सम्भव है कि मानू भाई ही सही हो क्योंकि मैं तो अभी...। यह तो मेरे जीवन में वसंत के आगमन की आहट भर थी। मेरे मन और मेरी देह की पोर-पोर में...मेरी साँसों में...मेरी आँखों में...मेरे रुधिर में...मेरे बोलने-बतियाने और चलने में वसंत प्रवेश करने ही वाला था कि...। इस नए नाटक में ही छिपा है इस वसंत के उद्‌गम का स्रोत।

इस नए नाटक में कुछ नए लोग शामिल हुए थे। वह पहले दिन अपनी माँ के साथ आई थी। खड़ी नाक और सपनीली आँखोंवाली इस लड़की ने पहले ही दिन पूरे नाट्यदल पर जादू कर दिया था। वह सधे हुए स्वर में बोलती। पलकें उठाती, तो लगता, जैसे धीमी लहर पर कोई नाव तिरती हुई चली जा रही हो। सुर और लय में बँधी उसकी आवाज़ में एक तरलता थी, जो प्राणों में घुल जाती। जब उसे परीक्षण के तौर पर गाने के लिए नाटक का एक गीत दिया गया, उसने सबको मंत्रविद्ध कर दिया। ऐसा लगा, मानो वह अपने जन्म के दिन से ही यह गीत गाती आ रही है। यह एक पीड़ा भरा गीत था। उसकी सधी हुई सुरीली आवाज़ पाकर सुबोध भाई प्रसन्न हो उठे थे। उस शाम अपने संगीत निर्देशक मानू भाई उर्फ़ मानवेन्द्र द्विवेदी पर ख़ूब प्यार लुटाते रहे सुबोध भाई। रम की बोतल के साथ बैठे थे दोनों। मैं योग्य शिष्य की तरह व्यवस्था सँभालने में लगा रहा।

वह आती और सबके पीछे बैठ जाती। पर्स से स्क्रिप्ट निकालती और उसमें खो जाती। कोई कुछ पूछता, तो हूँ-हाँ बोलकर काम चलाती। बहुत ज़रूरी हुआ, तो बेहद धीमी आवाज़ में कुछ शब्द बोलती। अमूमन फ़ुर्सत के क्षणों में होने वाली आपस की चुहलबाज़ियों में वह अपनी फीकी मुस्कान के साथ शामिल होती। आते-जाते वह सुबोध भाई के पाँव छूती और विद्या के गले लगती। सुबोध भाई को भाईजी और विद्या को दीदी सम्बोधित करती। मानू भाई को वह भइया पुकारती।

मानू भाई का उसके घर पहले से आना-जाना था। उसके पिता मानू भाई के परिचितों में थे। वह मानू भाई से उम्र में काफ़ी बड़े थे, पर संगीत के चलते उन्होंने मानू भाई को दोस्त बना लिया था। खँजड़ी बजाते थे। दरभंगा महाराज के एक प्रसिद्ध खँजड़ी-वादक के पौत्र थे वह। 'अपना बाज़ार' के सामने फुटपाथ पर पत्रिकाओं और जासूसी उपन्यासों की दुकान ठेले पर लगाते। दिन भर दुकानदारी में उलझे रहते और शाम को दो घूँट भरकर खँजड़ी बजाते। इसी दो घूँट और खँजड़ी ने उन्हें मानू भाई से मिलाया था। मानू भाई कभी-कभार उनकी खँजड़ी सुनने उनके घर जाया करता। उन्हें ध्यान से सुनता। खँजड़ी की तनी हुई चमड़ी पर गिरती उनकी अँगुलियों की गति को पकड़ता। वह उसे नए बोल और ताल बताते। मानू भाई जब भी जाता, उनके पाँव छूता और जेब से पाउच निकालकर पैरों पर रख देता। मानू भाई बताता है कि वह हर बार भड़क जाया करते थे। कहते—"तू तो भारी अधम है रे...! अरे नीच! अमृत को पैरों पर नहीं रखा जाता।"...और एक दिन यही अमृत उनके कंठ में जाकर हलाहल बन गया।

वह कहीं से अमृत पान कर लौटे, खँजड़ी बजाने बैठे और उनकी अँगुलियाँ अकड़ गईं।...आँखें उलट गईं। जैसे भिक्षाटन करते हुए बुद्ध के कशकोल में किसी ने सड़ा हुआ मांस डाल दिया था और वह उसे खाकर चल बसे, वैसे ही खँजड़ी-वादक बुकसेलर पंडित रामसिंगार झा किसी भक्त द्वारा दिए गए नकली शराब के पाउच का दान स्वीकार कर चल बसे।

जवान होती दो बेटियों की निरक्षर माँ न तो पुस्तकें बेच सकती थी, और न ही अपनी लाज। उसने अपने उद्यम और साहस के बल पर बेटियों की पढ़ाई नहीं बंद होने दी। उनके पिता का सपना पूरा करने में जुटी रही। सिलाई-कशीदाकारी का काम बाज़ार से लाती और माँ-बेटी मिलकर काम पूरा करतीं। गोबर-माटी और फूल-पत्तियों के रंग से दीवारों पर चित्रित होने वाली आकृतियों को औरों की तरह काग़ज़ और कपड़े पर उतारकर बेचने का हुनर भी माँ-बेटियों ने सीखा। शुरू में तो रामसिंगार झा का हमप्याला होने के कारण मानू भाई इस परिवार का कोपभाजन बना, पर धीरे-धीरे उसके निःस्वार्थ सहयोग ने स्थितियाँ बदल दीं। उसकी ही राय पर मिथिला पेंटिंग का काम शुरू हुआ। उसी की राय पर कमला ने इन्टरमीडिएट के बाद कम्प्यूटर कोर्स में दाख़िला लिया और कुछ दिनों बाद डाटा-ऑपरेटर का काम करने लगी। कमला की छोटी बहन कांता को मानू भाई ने ही आर्ट-कॉलेज में दाख़िला दिलवाया। मानू भाई के कहने पर ही कमला की माँ ने उसे नाटकों में काम करने की अनुमति दी।

कमला-तट पर बसे अपने गाँव से उखड़कर शहर में बसनेवाले रामसिंगार झा ने बहुत सोच-समझकर अपनी बेटी का नाम कमला रखा था।...कमला। उसर-बाँझ धरती को भी उर्वरा बना देनेवाली कमला! बाढ़ के बाद जब उतरती है कमला, छोड़ जाती है माटी के गर्भ में खनिजों का भंडार। इसी ख़ज़ाने से अँखुए चुन-चुनकर सिंगार करती है कमला-तट की धरती।...संगीत का भंडार है हमारी कमला। उसके स्वर का जादू हमारे नए नाटक का प्राण बनता गया। उसके आने से नाट्यदल में जिसके महत्त्व को सबसे ज़्यादा ख़तरा था, उस विद्या के तो प्राण ही बसने लगे कमला में। अपनी मुस्कान...आँखों की चमक...और अपने स्वर की भंगिमाओं से वह मेरे भीतर वसंत उड़ेल रही थी। हम दानों आपस में बहुत कम बातें करते। मैं उसे देख रहा होता और नज़रें मिल जातीं, तो मैं अचकचा उठता। उसके साथ भी ठीक ऐसा ही होता। मैं गहरे, और बहुत गहरे डूबता जा रहा था कमला की वन्या में। मैं जहाँ कहीं भी होता, हंसिनी की चहक और किलकारियों की तरह दूर से आती उसके गाने की आवाज़ मेरे कानों में बजती रहती।

अचानक हुआ सब कुछ। एक दिन वह रिहर्सल में नहीं पहुँची। रिहर्सल

अंतिम दौर में था। मंचन की तिथि तय हो चुकी थी। ऐसे समय उसकी अनुपस्थिति सबको चौंका गई। सबने सोचा, शायद बीमार पड़ गई हो। पर जब वह दूसरे दिन भी नहीं पहुँची, मानू भाई ने मुझे भेजा। बोला—"जा, देख तो सही कि आख़िर बात क्या है!"

मैं सुबोध भाई की मोटरसाइकिल से भागा। मुझे तो मुँह माँगी मुराद मिल गई थी।...पर जब वहाँ पहुँचा, तो मेरे होश उड़ गए। अभिशप्त प्रेतात्माओं के आतंक की छाया में दुबके हुए थे सब के सब। सबके चेहरे पीले पड़ चुके थे। कमला की माँ और कांता मुझे पथरायी आँखों से निर्निमेष निहारती रहीं। मुझे सामने पाकर कमला ने अपने को सहेजने की कोशिश की। उसके चेहरे का रंग थोड़ा बदला। उसने जब कारण बताया, मेरे दिमाग़ की नसें सुन्न हो गईं। तीनों मेरे सामने थीं—अपमान और मृत्यु के बीच झूलते आतंक के पुल पर असहाय खड़ी।

मैं लौटा। मेरी सूचना पर सब सकते में आ गए। सुबोध भाई ने मानू भाई को अलग ले जाकर बातचीत की। मुझे और विद्या को साथ लेकर वे दोनों कमला के घर पहुँचे। पति की मौत के बाद बेटियों का हाथ पकड़ आग पर नंगे पाँव चलनेवाली एक साहसी औरत हमारे सामने माटी के ढूह की तरह खाट पर पसरी थी। सुबोध भाई के निर्देश पर मैं फिर भागते हुए रिहर्सल वाली जगह पहुँचा और सबको साथ लिये वापस लौटा। दो दिनों से जिस घर में भेड़ियों का भय तांडव कर रहा था...बंद दरवाज़ों-खिड़कियों के भीतर जहाँ उनकी अदृश्य उपस्थिति का आतंक प्रलय मचा रहा था, उस घर में अचानक तीस लोगों के पैरों की धमक भर गई।

कमला डाटा-ऑपरेटर का अपना काम निबटाकर सीधे रिहर्सल के लिए पहुँचती और रिहर्सल से वापस घर लौटते हुए उसे अक्सर उनकी फाड़ खानेवाली निगाहों का सामना करना पड़ता। वे फब्तियाँ कसते। उनकी अश्लील टिप्पणियाँ कमला को बेधतीं। पर कमला अपनी राह चलती जाती।...उस शाम रिहर्सल से लौटती कमला को उन्होंने चारों तरफ़ से घेर लिया था।

"हमारे साथ चलो डार्लिंग।...आज हम नचाएँगे तुम्हें।...'काँटा लगा' पर नाचोगी, तब जवानी का असली मज़ा मिलेगा।"

"मेरे बेरी के बेर मत तोड़ो कोई काँटा...हम लोग धीरे-धीरे बेर तोड़ेंगे...दरद नहीं होगा...।"

"चल, उतर रिक्शा से नीचे...बैठ मोटरसाइकिल पर...।" उन्होंने उसे खींचकर रिक्शा से नीचे उतार लिया था।

"नहीं रे, आज ज़बर्दस्ती नहीं।...आज छोड़ दो। दो-चार दिन का टाइम दो।... मान जाएगी।...देखो बेबी...इधर-उधर नाचने-गाने से कोई फ़ायदा नहीं है।...हमारे साथ चलो, पूरा हुलिया बदल देंगे।...ज़ेन पर घूमने लगोगी,...मम्मी से पूछ लो।... नहीं माने, तो हम लोग मना लेंगे।"

वे सब उसे, वहीं सड़क पर कीलित कर चले गए। भय से थरथर काँपता रिक्शवाला बिना पैसे लिये भागा।

"मुझे नहीं मालूम, मैं कैसे अपने पैरों चलकर अपने घर पहुँची।" कहकर फूट-फूटकर रोने लगी कमला। बीहड़ों के भीतर किसी हिंस्र वनपशु के आक्रमण से घायल साँभरी के चीत्कार की तरह उसकी हिचकियाँ उठतीं और हमारी आत्माओं के भीतर आँधी की तरह पसर जातीं। विद्या ने उसे चुप कराना चाहा, पर मानू भाई ने छोड़ देने का इशारा किया। धीरे-धीरे कमला की हिचकियाँ थमीं। हम सबको वहीं छोड़ सुबोध भाई और मानू भाई बाहर निकल गए।

दोनों ने नाट्यदल के संरक्षक के रूप में अलंकरण की तरह टँगे नामवालों के दरवाज़े खटखटाए। कुछ लोग बाहर निकले और कुछ स्थिति की गम्भीरता को देखते हुए टाल गए। तय हुआ कि पहले थाने में रपट लिखा दी जाए। थानेदार ने समझाया—"आप लोग अपनी मुसीबत काहे बढ़ाना चाहते हैं?...जाकर पार्षदजी से बात कीजिए। उस गिरोह का सरगना है उनका छोटा भाई। केस रजिस्टर करने से कुछ नहीं होगा।...पुलिस के लिए आफ़त मत खड़ा कीजिए।... समझे? कनेक्शन समझे बिना केस करने चले हैं आप लोग!"

सीनियर एस.पी. ने बहुत ग़ौर से सुना। कला-संस्कृति की राह में ऐसी बाधा पर चिंता प्रकट करते हुए उसने सलाह दी—"मैं थाने को निर्देश दे देता हूँ।... थानेदार से मिलकर बात कीजिए।...वह पैच-अप करवा देगा। बहुत अनुभवी पुलिस ऑफ़िसर है। मिल-जुलकर मामला निबटा लेना ही बेहतर रहेगा। आजकल क्राइम और पॉलिटिक्स का ऐसा काकटेल बना हुआ है कि..."

सबको साथ लेकर थानेदार पार्षदजी के यहाँ पहुँचा। नगरपालिका के युवा पार्षद के दरबार में जब पेशी हुई, दोनों हाथ जोड़े रिरिया रहा था थानेदार। पार्षदजी पहले तो गरजे—"क्राइम करे साला कोई...और नाम लगता है मेरा। क्रिमनल को ख़ाली हम ही पालते हैं का?...जाकर गोली मार दीजिए...हम कवनो रोकते हैं!...और तुम लोग नाच-गाना-नौटंकी का धंधा करता है...लड़की सब का जुटान लगाता है और जब लुक्कड़ सब पीछे लगता है, तो थाना-पुलिस-पार्षदजी..."

थानेदार ने फुसफुसाकर पार्षदजी से बात की। समझाया कि मामला तूल पकड़ लेगा और अख़बारबाज़ी भी हो सकती है। थोड़ा नरम पड़े पार्षदजी।

बोले—"आप लोग जाइए। हम पता करवाते हैं कि कवन सब था। डाँट-फटकार देंगे।...पर लड़की सब से कलाकारी करवाते हैं, तो ऊ सब को सुरच्छा दीजिए।... कुछ हो गया तो मेरे वार्ड का नाम बदनाम होगा।"

रिहर्सल बंद कर दिया गया। नाटक का मंचन अधर में लटक गया। एक विद्या को छोड़ तमाम लड़कियों का मनोबल टूट चुका था। लड़के भी सहमे हुए थे। सुबोध भाई चाहते थे, कमला को ड्रॉप कर दिया जाए और कुछ दिनों बाद रिहर्सल शुरू हो। मानू भाई कुछ बोल तो नहीं रहा था, पर उसकी चुप्पी में प्रतिवाद छिपा था।...और कमला अपनी ज़िद पर अड़ी थी कि चाहे जो हो, इस नाटक में वह काम करेगी ही।

एक दिन फिलॉसफर मानू भाई ने पुलिया पर बैठकर नीबू की चाय सुड़कते हुए कहा—"विद्या, तू जानती है, प्रेम क्या है?...आत्मरति का दूसरा नाम है प्रेम।"

"मानू, प्लीज़ बंद करो अपनी बकवास। ऐसे ही कम मुसीबतें नहीं हैं।" विद्या के स्वर में आजिज़ी थी।

"तू नहीं समझेगी।...जानती है, ज़िन्दगी के पहले ही क्षण से प्रेम शुरू हो जाता है—आत्मरति के रूप में। एक नन्हा सा बच्चा अपनी ज़िन्दगी के पहले दिन से तब तक हर चीज़ को प्यार करता है, जब तक वह डरना न जान जाए। उसकी भीतरी और बाहरी दुनिया में कोई फ़र्क़ नहीं होता।...पर जैसे ही वह डरना जान जाता है, प्यार करना बंद कर देता है।...बहुत निडर है कमला।"

मानू भाई का स्वर गम्भीर हो चला था। यह उसकी अनोखी अदा है। कहीं से शुरू करता है और कहीं जा पहुँचता है।...और सचमुच बहुत निर्भय निकली कमला। वह नाटक में काम करने की अपनी ज़िद पर अड़ी रही। लगभग एक महीने बाद रिहर्सल शुरू हुआ। कमला ने काम पर जाना भी शुरू किया। अब सब सामान्य लगने लगा था। सुरक्षा के नाम पर सिर्फ़ इतनी सतर्कता बरती जाती कि रिहर्सल ख़त्म होने के बाद उसे कोई घर छोड़ आता। कोई क्या, मैं ही सुबोध भाई की मोटरसाइकिल पर उसे लेकर जाता। शुरू में थोड़ी हिचक थी। हिचक नहीं, भय की एक लकीर थी, जो साथ-साथ चलती। हालाँकि, यह लकीर कमला को लेकर जाते हुए धूमिल रहती, पर वापस होते हुए गहरी हो जाती।

अब साथ जाते हुए कमला से काफ़ी बातें होने लगी थीं। हूँ-हाँ करनेवाली कमला बोलने लगी थी। वह बहुत नरम और मद्धिम आवाज़ में बोलती। ठीक अपनी पीठ के पीछे उसके होने का अहसास मुझे स्फुरण से भर देता। मेरे पीछे बैठी कमला जब बोलती, तो उसकी आवाज़ और साँस की तरंगें मुझे ऐसे छूतीं,

मानो कोई मेरी नसों में फूँक मार रहा हो! मेरी देह बाँसुरी की तरह बजने लगती।

वारदात से ठीक पहलेवाली साँझ, यानी परसों, मैं उसे लेकर गया था। कमला ने पूछा—"आपको डर नहीं लगता?"

"कैसा डर?"

"मुझे छोड़ने जाते हुए...कि वे लोग..."

मैंने कहा—"मानू भाई कहता है, पुरुष डरपोक होते हैं और इसीलिए प्यार नहीं कर पाते।"

"और आप?"

"मैं डरपोक नहीं।" फिर मैंने पूछा—"तुम्हें डर नहीं लगता?"

वह हँसी। उसकी हँसी मेरी गरदन पर, मेरे काँधों पर, मेरी पीठ पर कुलाँचे भरने लगी—छायापाखी की तरह। मुझे लगा, मेरी पीठ पीछे कोई चाँद चिपक गया है।

"तुम हँसी क्यों?" मैंने फिर पूछा।

"बस, ऐसे ही।"

"यह तो अच्छी बात नहीं है," मैंने कहा।

"क्या?"

"यही, हँसना और उसके बाद चुप लगा जाना।"

"मेरा हँसना बुरा लगा?"

"नहीं, बुरा नहीं लगा।...पर तुम हँसी क्यों?...तुम्हें यह तो बताना चाहिए।"

"ज़रूरी नहीं कि हर बात...अच्छा, कल बताऊँगी।"

उसका घर आ गया था। वह उतरी। उसके जाने तक मैं रुका रहा। दरवाज़े के पास पहुँचकर उसने हाथ हिलाया, पहली बार। हाँ, इतने दिनों में वह मुझे पहली बार विदा कर रही थी। वह घर के भीतर गई। दरवाज़ा बंद होने के बाद मैं मोटरसाइकिल मोड़कर वापस चला।

लौटते हुए वे सब मिले। लगभग रोज़ ही आते-जाते दिख जाते थे। कभी किसी चाय की दुकान पर गप्पें लड़ाते हुए दिखते, तो कभी सड़क किनारे खड़े होकर ठहाके लगाते। उस दिन जाते हुए तो नहीं, पर आते हुए दिखे। मुझे आते हुए देखकर वे चुप हो गए थे। उस दिन उनके ठहाकों ने मेरा पीछा नहीं किया। मैंने सोचा, कभी इनसे बातें करूँगा। खा तो नहीं जाएँगे!...हो सकता है, मेरी बातचीत से रहा-सहा तनाव ख़त्म हो जाए। मैंने यह भी सोचा, कितना अच्छा होता अगर ये सब मेरे दोस्त होते!...हमारे साथ नाटक में काम कर रहे होते!... फिर तो इन्हीं के साथ लौटती कमला...। अब हँसी आती है मुझे अपनी इस सोच

पर।...वारदात के समय मैंने माचिस की तीली जलाई ही थी कि वे दिखे।...और मैं मुस्कुराने ही वाला था कि उन्होंने...हाँ, उन्होंने मेरी हत्या कर दी।

जुलूस की प्रतीक्षा करते-करते मैं उब चुका हूँ। कौन सा मोह है कि अपनी हत्या के बाद भी मैं भटक रहा हूँ।...आख़िर क्यों मैं अपनी ही हत्या के प्रतिरोध-जुलूस के पीछे-पीछे घूमा और अपनी ही शोकसभा की प्रतीक्षा में बैठा हूँ?...काफ़ी देर हुई। अब जुलूस को लौटना चाहिए। ध्वज-स्तम्भ के शिखर पर विश्राम के लिए रुका सूरज अब आगे की यात्रा पर निकलने ही वाला है। वह धीरे-धीरे धूप के पंछियों को सहेज रहा है...ठंड बढ़ रही है।...साँझ होने में अभी देर है, पर मौसम के मन-मिज़ाज का क्या भरोसा!...हो सकता है कि बिना साँझ हुए ही कोहरा घिर आए और इस गाँधी मैदान में अँधेरा भर जाए।

...आ गए वे लोग। उत्तरी गेट से प्रवेश कर रहा है जुलूस। गाँधी मैदान की गतिविधियों पर ऐसे जुलूसों का बहुत असर नहीं पड़ता। क्षण भर ठिठककर लोग निहारते हैं और जो कर रहे होते हैं, फिर उसी में व्यस्त हो जाते हैं।

जुलूस ठीक वहीं पहुँचा है, जहाँ मैं बैठा हूँ। चारों तरफ़ से गोल घेरा बनाकर लोग बैठते हैं। इस मैदान में यह जगह नुक्कड़ नाटकों के मंचन के लिए चिह्नित है। नाटक देखने की लालसा में कई दर्शक भी आकर शामिल हो जाते हैं। मैं बीच में हूँ। शोकसभा अब शुरू होनेवाली है।

मैं उठना चाहता हूँ। बहुत ज़ोर लगाकर अपने पाँवों को खींचना चाहता हूँ। उन्हें धरती में रोपकर खड़ा होना चाहता हूँ कि अचानक अँधेरा छा जाता है।...वही काला भँवर...ठीक वैसा ही भयानक काला भँवर...ब्लैकहोल...। इस विशाल गाँधी मैदान का शोर अचानक चुप्पी में बदल जाता है। सारी हलचल थम गई है।... मुझे कुछ भी नहीं सूझ रहा है।...मैं खड़ा भी नहीं हो पा रहा हूँ। यह भँवर मुझे लील रहा है।...इस जुलूस में शामिल तमाम लोग इस भँवर में गड़ाप होते जा रहे हैं...।

...गहरे...बहुत गहरे...इस काले भयावह भँवर की अतल गहराइयों में नीचे पहुँचता हूँ कि एक बार फिर अचानक दृश्य बदलता है...। एक तेज़ प्रकाशपुंज दीप्त होता है।...ऐसा प्रकाशपुंज, जो अँधेरे से भी ज़्यादा भयावह है...आँखों में बर्छी की नोक की तरह चुभता हुआ...। इस प्रकाश की परिधि में चाची दिखती है,...अपने पति के शव पर लोटती और दहाड़ें मारकर रोती हुई चाची।...पथरायी

आँखों से अपने अजन्मे शिशु की प्रतीक्षा करती विद्या दिखती है।...और दिखती है कमला...अपने दरवाज़े पर आकर अचानक अदृश्य हुए वसंत के पाँवों की छाप ढूँढ़ती-निहारती कमला।...पर मानू भाई कहीं नहीं दिखा! वह लगातार अनुपस्थित रहा है। उस समय भी, जब जुलूस शुरू हुआ, वह नहीं था। मैं जानता हूँ कि उसे मालूम है कि उसको कब कहाँ होना चाहिए।...वह जानता है कि मेरी हत्या के इस नाटक का उपरांत दृश्य कहाँ मंचित होगा और कौन लोग मंचित करेंगे।...क्या मेरी हत्या के उपरांत दृश्य में वे लोग मानू भाई को भी...?

(कथादेश, अप्रैल, 2004 में प्रकाशित।)

स्वप्न जैसे पाँव

यह एक हरा-भरा क़स्बाई शहर था, जिसे कोशी नदी की उपधाराओं ने चारों तरफ से घेर रखा था। एक तो, जिसका नाम सौरा था, शहर को दो भागों में बाँटती हुई ठीक बीचोबीच बहती थी। महल्ले दूर-दूर बसे थे। बीच-बीच में धान के हरे-भरे खेत थे और बेतरतीब उगे जंगली पेड़ों और झांड़ियों का सघन विस्तार था। सड़कों के किनारे भी पेड़ थे—कदम्ब और सेमल के ऊँचे-ऊँचे छायादार पेड़। कदम्ब जब फूलते, गोल-गोल लट्टुओं जैसे फूलों से सजी-सँवरी हरियाली की छटा और खिल उठती। फिर कदम्ब ललछौंहा पीलापन लिये पककर तैयार होते और पेड़ों के नीचे की धरती फलों से पट जाती। सेमल वसंत में फूलते। पत्रहीन नग्न वृक्ष देखते-देखते दहकते हुए लाल-लाल अंगारों से ढँक जाते। सेमल के फल पेड़ों पर टँगे-टँगे पकते और फूटते। कोमल रूई के पंख लगाए सेमल के बीजों से आकाश भर जाता। हवा के झोंके उन्हें इधर-उधर उड़ाते फिरते। लगता, सूरज के ताप से घबराकर बादल के नन्हे-नन्हे फूल धरती के क़रीब आना चाह रहे हों। ये उड़ते हुए बेरोक-टोक खिड़कियों-दरवाज़ों से घरों में घुस आते। राह चलते ज़ुल्फ़ों में उलझ जाना इस शहर में सेमल बीजों की ख़ास अदा थी।

इस क़स्बाई शहर में वर्षा भी खूब होती थी। शुरू होती, तो सात-सात दिनों तक झड़ी लगी रहती। कोशी की उपधाराएँ उफनकर शहर को चारों तरफ़ से घेर लेतीं। पुलों के ऊपर से पानी बहने लगता। सौरा उफनती, तो अक्सर हफ़्ता-दस दिनों के लिए शहर के दोनों हिस्सों को अलग-थलग कर देती। पर लोग बहुत फ़िक्र नहीं करते। इन दिनों को धीरज के साथ काट लेते। लगभग हर साल ऐसा होता। लोगों को आदत पड़ चुकी थी।

यह शहर उसे किसी पहाड़ी शहर की तरह लगता। हालाँकि, पहाड़ थे ही नहीं।...पर जाने क्यों, उसे हमेशा यह महसूस होता कि इस शहर में पहाड़ हैं ज़रूर...भले ही कहीं छिपे हों और एक दिन अचानक निकल आएँ। अपनी इस बकवास कल्पना पर वह मन ही मन हँसता। उसे ऐसी कल्पनाओं के भरोसे जीने

की आदत थी। वह अक्सर ऐसी ऊटपटांग बातें सोचा करता। वह चलते-फिरते अपने लिए ऐसे दृश्य और ऐसी बातें गढ़ लेता और उनमें डूबता-उतराता रहता। कई बार तो जिन हालात की दूर-दूर तक सम्भावनाएँ नहीं होतीं, वह उन्हें मन ही मन रचकर अपने लिए जीवित खड़ा कर लेता। वह सोचता, यह एक बुरी आदत है, पर वह इसे अपनी ताक़त भी मानता। उसे लगता, वह अपनी इसी आदत के बल पर जी रहा है। बात दुःख की होती, तो बे-मतलब उदास फिरा करता और प्रसन्नता की होती तो जश्न मनाता। अगर वह किसी रहस्यमय स्थिति में जा फँसता, तो कई-कई दिनों तक उलझा रहता। उसके दिन-रात रहस्य के सिरे तलाशने में गुज़रते। पर उसके साथ एक अजीब बात यह भी थी कि उसकी कई ऊटपटांग कल्पनाएँ भी सच साबित हो जातीं। बात लगे तो तीर और न लगे तो तुक्का जैसी ही थी, पर थी सच।

एक दिन, बस यूँ ही बे-मतलब घूमते हुए वह शहर के बाहरी इलाक़े की ओर चला गया। यह इलाक़ा वर्षा के दिनों में इस शहर का जलग्रहण क्षेत्र था। पानी पहले इसी तरफ़ आता। यहाँ पक्के मकान नहीं थे। सौरा जब पानी उलीचती, इन महल्लों के लोग अपनी झोंपड़ियों के टाट उठाकर सड़क किनारे ऊँची जगहों पर अपना डेरा डालते। बरसात के बाद ज़िला प्रशासन के साहब, कारकुन और सिपाही अपनी गाड़ियाँ दौड़ाते और डंडे भाँजते हुए आते और इन्हें झोंपड़ियों सहित फिर निचले इलाक़े में ठेल देते। थोड़ी अफ़रा-तफ़री मचती ज़रूर, पर दो-चार दिनों में फिर जैसे-तैसे जीवन शुरू हो जाता।

शाम का समय था। जाड़े के दिनों का मरियल-सा सूरज डूब रहा था। वह मुख्य सड़क छोड़कर नीचे बस्ती में उतरा और घूमने लगा। मर्द बहुत कम थे। शहर से मज़दूरी ख़त्म कर लौटने ही वाले थे। औरतें कम ज़रूर थीं, पर थीं। बच्चे थे। आपस में गुत्थमगुत्था करते...एक-दूसरे के पीछे भागते-दौड़ते। धीरे-धीरे घिरते अँधेरे से बे-परवाह मस्ती के आलम में डूबे हुए बच्चों की रोर से पूरा महल्ला मृदंग की तरह बज रहा था। झोंपड़ियाँ बहुत सुन्दर थीं। कोशी के लोग सुन्दर झोंपड़ियाँ बनाने, आनन-फानन में उनको सिर पर लादकर भागने और लगातार इधर-उधर बसते-उजड़ते रहने में माहिर थे। हर झोंपड़ी के सामने बाँस की फट्टियों से घिरा आँगन था। आँगन में केला के गाछ थे। कदम्ब भी थे, इधर-उधर।

उसने एक आँगन में कदम्ब के नीचे खड़ी एक औरत को मुँह ऊपर उठाकर मनुहार करते हुए देखा। वह ठिठका। फिर उसने कदम्ब की ओर देखा। कदम्ब की डाल पर सात-आठ साल का एक लड़का बेफ़िक्री से बैठा था। इस बीच औरत की नज़र उस पर पड़ी। वह आँगन से बाहर निकली। पूछा—"क्या बाबू, किसको

खोज रहे हो?"

वह कुछ नहीं बोल सका। क्या बोलता! औरत समझ गई कि पेड़ पर बैठे बेटे की लीला ही उसके रुकने का कारण है। वह अपने-आप बोलने लगी—"क्या करें बाबू!...मानता ही नहीं। बहुत हठी है।...बात-बात में गाछ पर चढ़कर बैठ जाता है।"

वह हँसते हुए आगे बढ़ा। उसके पैरों में जाने कहाँ से ऐसी स्फूर्ति आकर पैठ गई कि वह लगभग पंछियों की तरह फुदकते हुए चलने लगा। कृष्ण की बाललीला के रूपक को अपनी आँखों साकार देखने का आह्लाद उस पर छा गया था।

वह सारी रात सो नहीं सका। पहले तो आह्लाद से भरा रहा। फिर यह आह्लाद धीरे-धीरे पीड़ा में बदल गया। वह औरत बहुत सुन्दर थी। उसका बेटा उससे भी ज़्यादा सुन्दर था। आँगन का कदम्ब वृक्ष भी युवा था। अपनी छतनार डालों से आँगन को लगभग ढँकते हुए खड़ा था। उसका तना अभी बहुत मोटा नहीं हुआ था। उसने युवा कदम्ब की उम्र का अंदाज़ा लगाया। औरत के बेटे की उम्र के आस-पास कदम्ब की उम्र ठहरी। आठ या दस साल।

रात जैसे-जैसे गहराती गई उसका दुःख गहराता गया। उसे यह सवाल परेशान कर रहा था कि इतनी सुन्दर औरत, ऐसा नटखट बालक, और ऐसा युवा बलिष्ट कदम्ब वृक्ष, क्या ये सब बचे रह सकेंगे? हो सकता है कि एक रात...! ...और फिर वही ऊटपटांग कल्पनाएँ करनेवाली उसकी बुरी लत जाग उठी।... पूरे महल्ले में रात का सन्नाटा पसरा।...कुहासे में डूब गईं झोंपड़ियाँ।...धूल उड़ाती टाटा सूमो जीप सड़क पर आकर लगी। हथियारों से लैस कुछ लोग उतरे। सड़क छोड़ झोंपड़पट्टी की ओर बढ़े। उस आँगन के सामने आकर खड़े हुए और फिर शुरू हुआ तांडव।...वे भीतर घुसे। उन्होंने सबसे पहले उस औरत की बाँहों में बँधकर सो रहे उसके पति को खींचा और घसीटते हुए आँगन में ले आए। नींद से अचानक जागकर चीख़ती हुई औरत पति के पीछे-पीछे दौड़ी। एक ने औरत को पकड़ लिया। चीख़-पुकार से बच्चे की नींद टूट गई। वह उठा और रोते हुए बाहर निकला। उन्होंने उसे पकड़ना चाहा, पर वह जाकर अपनी माँ से लिपट गया।...पहले उन्होंने बीच आँगन में ख़ड़ा करके उसके पति की छाती पर गोली दाग़ दी। इसके बाद दूसरे ने बच्चे को औरत से खींचकर अलग किया और पिस्तौल से बच्चे का माथा उड़ा दिया। फिर उन्होंने आपस में कुछ बातें कीं और

उनमें से एक दौड़ते हुए सड़क किनारे खड़ी जीप तक गया और एक बड़ी सी टँगिया लिये वापस लौटा। फिर उन्होंने कदम्ब को काटा। बाढ़ के दिनों में नदी की धारा के काटने पर जैसे धरती गिरती है नदी के पेट में, वैसे ही कदम्ब गिरा आँगन में। गिरते हुए कदम्ब की हरहराती हुई ध्वनि उस मुहल्ले के हर आँगन तक पहुँची। फिर उन्होंने जलती सिगरेट का टुकड़ा झोंपड़ी पर फेंक दिया और उस औरत को घसीटते हुए लेकर चले गए।...और उनके जाने के बाद झोंपड़पट्टी में कुहराम मच गया।

हलके फेर-बदल के साथ लगभग यही दृश्य उसकी आँखों के सामने बार-बार उभरता और मिटता रहा। फेर-बदल यानी आँगन, कदम्ब वृक्ष, वह औरत और उसके बेटे का चेहरा तो वही रहता, जो उसने देखा था, पर पति और हमलावरों का चेहरा हर बार बदल जाता, जिन्हें उसने नहीं देखा था। कई बार तो उस औरत के पति की जगह वह अपने आप को देखता। अपनी ही आँखों अपने को गोली से भूना जाते हुए देखकर उसकी रीढ़ काँप उठती। वह सारी रात बदहाल रहा। जागती आँखों के इस दुःस्वप्न ने उसे तोड़कर रख दिया।

सुबह हुई। उसे चाय की तलब लगी। पर उसके पास समय नहीं था। उसने सोचा, इतने असुरक्षित जीवन में किसी इच्छा का क्या महत्त्व, चाहे वह चाय पीने जैसी अदना सी इच्छा ही क्यों न हो!...वह बदहवास निकला। लगभग भागते हुए उस मुहल्ले में पहुँचा।

वहाँ भी सुबह हो चुकी थी। बेहद प्यारी और सुन्दर सी सुबह। ऐसी सुबह, जिसके बारे में वह कविताओं-कहानियों में पढ़ता रहा था। विस्मिल्लाह ख़ाँ की शहनाई पर राग भैरवी या कुमार गंधर्व के कंठ से अहीर भैरव सुनते हुए जैसी सुबह के बारे में वह सोचा करता था, वैसी ही सुबह थी। झोंपड़पट्टी के हर आँगन में कोयले की अँगीठियों का धुआँ उठ रहा था। पेड़ों पर पंछियों की चहक थी। बच्चे खेलने में जुटे थे। अपने-अपने पति और बेटों को काम पर भेजने या ख़ुद काम पर जाने की जल्दबाज़ी में उलझी औरतों की गतिशीलता का संगीत गूँज रहा था। वह उस झोंपड़ी के आँगन के सामने खड़ा था। आँगन में अँगीठी सुलग रही थी। वह औरत गोबर से आँगन लीपती हुई दिखी। उसका बेटा दातुन करते अपने पिता के गले में बाँहें डाले पीठ पर सवार झूल रहा था।

सबसे पहले बच्चे की नज़र उस पर पड़ी। बच्चे ने पिता के कान में

फुसफुसाकर उसके खड़े होने की सूचना दी और उसकी ओर देखकर विहँस उठा। फिर पिता की पीठ का झूला छोड़ आगे बढ़ा। आदमी उठकर खड़ा हुआ और उसकी ओर अपरिचय के भाव से देखा। अब तक आँगन लीपती औरत की नज़र उस पर पड़ चुकी थी। वह उठी। चकित भाव से, कुछ-कुछ भयभीत-सी आगे बढ़ी और पूछा—"किसको खोज रहे हो बाबू?"

औरत के प्रश्न ने उसे चौंका दिया। वह झटके से मुड़ा और तेज़ क़दमों से चलने लगा। अपनी मूर्खता पर अपने को कोसते हुए वह वापस लौट रहा था। औरत की आँखें संदेह और आश्चर्य के साथ दूर तक उसकी पीठ पर चिपकी रहीं। वह झोंपड़पट्टी से बाहर निकल गया था।

लौटते हुए, रास्ते में एक जगह वह चाय पीने के लिए रुका। अब उसे चाय की तलब बुरी तरह सता रही थी। चाय की दुकान पर चाय पीते हुए उसने अख़बार के पन्ने पलटे। इस क़स्बाई शहर से निकलनेवाले एकमात्र अख़बार के पहले पन्ने पर ख़बर छपी थी—'मरंगा बस्ती में हत्या और आगज़नी : ज़िले के नये एस.पी. को अपराधियों का सलाम!'

मरंगा बस्ती शहर के दूसरे छोर पर थी। उस बस्ती में पिछली रात अपराधियों ने लूटपाट की थी। मरंगा बस्ती में मध्यवित्त परिवारों के लोग रहते थे। इन्होंने पिछले दिनों सम्पन्न चुनाव में जिस उम्मीदवार का साथ नहीं दिया, वह अपने आपराधिक रिकॉर्ड के बल पर जीत गया था। यह उसकी जीत का जश्न था। बस्ती के मुँह पर एक छोटी सी झोंपड़पट्टी भी थी। जीत का जश्न मनाकर लौटते अपराधियों को जब झोंपड़पट्टी के लोगों ने ललकारा, वे अंधाधुंध गोलियाँ चलाते हुए निकले और जाते-जाते झोंपड़ियों में आग लगा गए।

चाय ख़त्म करने के बाद वह मरंगा पहुँचा। पुलिस की गाड़ियाँ लगी थीं। एस. पी. स्वयं मौक़ा-ए-वारदात पर हाज़िर होकर तफ़्तीश में जुटा था। रोते-बिलखते लोगों के हुजूम में बदल चुकी थी झोंपड़पट्टी। जली हुई झोंपड़ियों की राख की ढेर में अपने पिछले दिनों की स्मृतियाँ ढूँढ़ रहे थे बच्चे। औरतें जले-अधजले कपड़े और टूटे-फूटे बरतन-बासन टटोल रही थीं। पुरुष इधर-उधर गोल बाँधकर चुप खड़े थे। किसी दूसरे ग्रह से उतरे प्राणियों की तरह पुलिस के जवान जाँच-पड़ताल में लगे थे। वह मरंगा बस्ती से वापस लौटा और सारा दिन इधर-उधर बेमतलब भटकता रहा।

उसकी बेरोज़गारी के दिन थे। पिता रिटायरमेंट के कगार पर थे। पिछले दिनों

अपेन्डिक्स फट जाने के कारण मरते-मरते बचे थे। किरानी के सूखे वेतन के सहारे जीवन की कठिन राह पर चलते हुए वह पहले ही थक चुके थे। उनके साथ कई दूसरे किरानियों ने इसी नौकरी के बल पर मकान खड़ा कर लिया था। कुछ तो मकान के अलावा व्यवसाय खड़ा करने में भी सफल हो गये थे और अब नौकरी उनके लिए बस एक शग़ल था। उसके पिता की ऐसी स्थिति के लिए लोग उनके स्वभाव को दोष देते। पूरा दफ़्तर उन्हें कायर और मूर्ख समझता। ऐसा नहीं कि उन्हें सेन्सेटिव विभाग या रसदार टेबल नहीं मिला। जब कभी अवसर आया, वह ज़िलाधिकारी के सामने हाथ जोड़कर खड़े हो गए कि इस टेबल के योग्य नहीं हैं वह...कि उनकी नौकरी चली जाएगी। उन्होंने कुल तीन बार पदोन्नति को छोड़ा और इन्हीं कारणों से उपहास का केन्द्र बने रहे।

अनंत कष्टों के बावजूद पिता ने उसे शिक्षा के लिए प्रदेश की राजधानी भेजा। वह अपनी शिक्षा, बेरोज़गारी और पिता की ईमानदारी, जिसे लोग कायरता कहते थे, के बीच जब कभी तालमेल मिलाने की कोशिश करता, रहस्यमय स्थितियों में फँस जाता। पिता उसे हमेशा बहेलिया के लासा लगे यंत्र में फँसे-छटपटाते पंछी की तरह लगते।...दिन भर भटकते हुए उसे प्रदेश की राजधानी के स्कूल जीवन से लेकर एम.ए. तक के दिन याद आते रहे। पिता के भेजे मनीऑर्डर और उनके लिखे असंख्य पत्रों की याद आती रही। कथाओं- उपन्यासों के कई पात्र याद आते रहे, जिन्होंने उसकी दुनिया ही बदल दी थी। कविताओं की वे पंक्तियाँ उसके दिमाग़ में गूँजती रहीं, जिन्हें वह अपने हॉस्टल के कमरे में लिखकर टाँगा करता था। माँ के निधन के बाद उसकी जवान होती छोटी बहन ने घर सँभाल लिया था। वह असमय बुजुर्ग बनकर माँ की तरह उस पर ममता लुटाने लगी थी। बहन की ममता भरी आँखें भी दिन भर उसका पीछा करती रहीं।

रात हुई। पिछली रात की तरह ही वह सारी रात छटपट करता रहा। वही आँगन, वही कदम्ब वृक्ष, वही औरत, उसका पति और बेटा...और वही उसकी रीढ़ को कँपकँपाता भयावह दृश्य। सब उसकी कल्पना में सारी रात उतरते रहे... आवाजाही करते रहे। उस औरत का घर-आँगन और मरंगा बस्ती आपस में घुल-मिलकर गड्डमड्ड होते रहे।

दूसरे दिन की सुबह वह निकला। चाय की दुकान तक गया। पिछले दिन की सुबह की तरह उसने अख़बार के पन्ने को पलटना शुरू किया। ख़बर थी—'युवा एस.

पी. का जवाब : मरंगा कांड के चार अपराधी मारे गए।'

सहसा उसका रक्त-संचार तीव्र हुआ। खिन्नता, जो उसकी नसों में पैठ गई थी, समाप्त हुई। उसे लगा, अभी बहुत कुछ शेष है। अगर शेष नहीं होता तो व्यवस्था की यह सक्रियता और उसका प्रतिफल सामने नहीं आता। पिता के अबोले दबाव पर दी गई सिविल सर्विसेज की परीक्षा में अपनी असफलता का दर्द उसे मिटता हुआ लगा। फाँस की तरह एक टीस उसके सीने में अटक गई थी और अक्सर चुभती रहती थी कि अच्छी तैयारी के बावजूद अपनी अनिच्छा के कारण वह पिता की इच्छा पूरी नहीं कर सका। यह टीस उसे पिघलकर बहती हुई लगी। उसे लगा, असफलता की पीड़ा से वह मुक्त हो गया। वह नहीं तो क्या हुआ! कोई तो है ऐसा ईमानदार और कर्मठ, जो उसके पिता के सपनों को पूरा करने में लगा है।

उसकी इच्छा हुई कि वह चाय का गिलास फेंककर दौड़े और एस.पी. की कोठी में घुस जाए। युवा एस.पी. को गले लगाकर बधाई दे। चाय की दुकान पर इस ख़बर से गहमागहमी थी। लोग राहत की साँस ले रहे थे। युवा एस.पी. की इस सफलता से भयमुक्त होकर जीने की उम्मीद बँधी थी। रामबाग़ की तरफ़ से आने वाले एक ग्राहक ने सूचना दी कि अपराधियों की लाशें रामबाग़ की झोंपड़पट्टी के सामने सड़क पर पड़ी हैं और पुलिस पहरा दे रही है।

रामबाग़! एक झटके से वह उठा। तेज़ चाल से, लगभग दौड़ते हुए वह रामबाग़ की ओर चल पड़ा। आज की सुबह ऊष्म और चमकदार लग रही थी। ऊर्जा से भरी हुई सुबह। नई आशा के साथ जीवनारम्भ के लिए सबसे उपयोगी सुबह। उसने सोचा, ज़रूर रामबाग़ बस्ती को लूटने गए होंगे अपराधी और वहाँ भी झोंपड़पट्टी के लोगों ने उन्हें ललकारा होगा। अपराधी भाग नहीं सके होंगे। सबने मिलकर घेर लिया होगा और तब तक पुलिस गश्तीदल पहुँचा होगा और अपराधी मारे गए होंगे।

रामबाग़ वाली सड़क पर भीड़ जुटी थी। सड़क किनारे लाशों को पुलिस की देखरेख में अस्पताल की पोस्टमार्टम गाड़ी में लादा जा रहा था। बड़ी बेदर्दी से घसीटते हुए लाशों को गाड़ी के पिछले दरवाज़े तक लाया गया और उठाकर गाड़ी के अन्दर फेंक दिया गया। मुख्य सडक के नीचे, बस्ती की ओर जाती सड़क पर झोंपड़पट्टी के लोग हुजूम बनाकर भयभीत खड़े थे। इसके पहले कि वह कुछ जान सके, गाड़ी लाशों को लेकर चली गई। पीछे-पीछे पुलिस की जीप भी सरपट भागी।

उसने देखा, वह औरत कुछ और औरतों के साथ छाती पीट-पीटकर रो रही थी। उसके कपड़े अस्त-व्यस्त थे और केश बिखरे हुए। वह बच्चा भी दिखा,

रोती-बिलखती अपनी माँ से चिमटकर रोता हुआ।

वह सकते में था। काटो, तो ख़ून नहीं। अवाक्! उसकी रगें सिकुड़ने लगी थीं। उसे लगा, पृथ्वी अपने अक्ष से हट गई है और करवट ले रही है। उसके कानों में बन्दूकों-पिस्तौलों से छूटती गोलियों की आवाज़ भरने लगी।...फिर वही दृश्य, वही भयावह दृश्य उसकी आँखों के सामने उभरने लगा। वह दोनों हाथों से अपना सिर पकड़े हुए बीच सड़क पर धम्म से बैठ गया। कुछ लोग दौड़े। उसे पकड़कर उठाया और बीच सड़क से हटाकर किनारे ले गए। किसी ने कहा– "पानी लाओ। लगता है, चक्कर आ गया। लाश देखना, और वो भी एक साथ चार-चार लाशें, सबके वश की बात नहीं।"

उसने अपने को सँभालने की कोशिश की और उठकर खड़ा हो गया। वह सड़क से नीचे उतरा। झोंपड़पट्टी के लोगों की भीड़ के बीच गया। दहाड़ें मारकर रोती उस औरत ने उसे देखा और पकड़कर झूल गई। वह दोनों हाथों से उसे नोचने लगी। औरत उसे झकझोर रही थी और वह दोनों पाँवों को धरती में वृक्ष की जड़ों की तरह धँसाकर अविचल बने रहने की कोशिश कर रहा था। विलाप करती हुई वह औरत बीच-बीच में गालियाँ दे रही थी। उसे कोस रही थी। वह कह रही थी कि उसने ही उसके पति को मरवा दिया...कि वह कई दिनों से उसके पीछे पड़ा था और बार-बार उसके घर के सामने खड़ा रहता था। लोगों ने औरत को जबरन खींचकर उससे अलग किया। लोग समझ रहे थे कि औरत दुःख और उन्माद में प्रलाप कर रही है। पता चला कि आधी रात के आस-पास पुलिसवाले पहुँचे और चार घरों से चार लोगों को बन्दूक की नोक पर निकालकर ले गए। फिर उन्हें सड़क पर दौड़ाकर गोली मार दी।

वह फिर सड़क पर था। शहर के मध्य भाग की ओर अपनी टाँगें घसीटते हुए चला जा रहा था। अख़बार की ख़बर पर प्रफुल्लित शहर के भीतर रामबाग़ से आनेवाली ख़बर पैठने लगी थी। धीरे-धीरे चारों ओर सच पसर गया।

"सालों ने चार बेकसूरों को मार डाला।...हर हाल में मरता ग़रीब ही है।...चारों मज़दूर थे।...नए एस.पी. ने अपराधियों की धर-पकड़ के लिए अपने मातहतों को आदेश दिया होगा। अब हिस्सा लेने के बाद किस मुँह से पकड़ने जाते! चार ग़रीबों को एनकाउन्टर के नाम पर मार गिराया।...एस.पी. ख़ुश...नेता ख़ुश...अख़बार ख़ुश...जनता ख़ुश।...बोलो सियावर रामचन्द्र की जय!"–यह शहर के

मध्य स्थित व्यस्ततम नवरतन चौक की चर्चा थी, जिसे उसने रुककर सुना। सोचा, शायद एस.पी. को सच नहीं मालूम और उसे बताना चाहिए।...और वह एस.पी. के दफ़्तर पहुँचा।

युवा एस.पी. व्यस्त था। दफ़्तर शुरू हो चुका था। चार अपराधियों को एनकाउन्टर में मार गिराने और मरंगा कांड जैसे संवेदनशील मामले का उद्‌भेदन कर लेने जैसी बड़ी सफलता पर वह अपने मातहतों के साथ बैठक कर रहा था। उसे एस.पी. के गार्ड ने बैठक की सूचना दी और वापस जाने को कहा। अर्दली ने बाद में आकर मिलने को कहा। वह एस.पी. से तत्काल मिलने की ज़िद पर अड़ा हुआ था। उसकी ज़िद से तमतमाया हुआ गार्ड अब उसे धकियाने ही वाला था कि पेशाबघर के लिए हाजतमंद कोतवाल बाहर निकला। वह हड़बड़ी में था, पर सभाकक्ष के सामने गार्ड और अर्दली से बहस की आवाज़ ने उसे रोक लिया। गार्ड ने बताया कि यह आदमी साहब से मिलना चाहता है और कहता है कि इसके पास रामबाग़ एनकाउंटर के बारे में गोपनीय सूचना है। कोतवाल पहले चौंका। फिर वहशी भेड़िये की तरह फाड़ खाने वाली पुलिसिया नज़रों से उसे घूरने लगा। कोतवाल की नज़रों का उस पर कोई असर नहीं हुआ। वह अविचल खड़ा था। कोतवाल थोड़ा विचलित हुआ, पर तत्काल सँभल गया। एक सिपाही को इशारे से बुलाकर कुछ फुसफुसाया और पेशाबघर में घुस गया।

कोतवाल के पेशाबघर से निकलने से पहले उसे एस.पी. कार्यालय के परिसर से बाहर किया जा चुका था। उसके माथे पर गूमड़ निकल आया था। होंठ का निचला हिस्सा कट गया था और ख़ून रिस रहा था। बोरे में कसे फ़ालतू सामान की तरह जीप के पिछले हिस्से में लदा नीमबेहोश वह कोतवाली पहुँचा। बैठक की समाप्ति के बाद कोतवाल आया। उसकी ज़ुल्फ़ों को बायीं मुट्ठी में भरते हुए दाएँ हाथ से ताबड़तोड़ आठ-दस झापड़ रसीद किए और तब शुरू हुई पूछताछ। कोतवाल को जब सच मालूम हुआ, तो हँसा। खूब हँसा। कोतवाल के साथ सिपाही भी हँसे। कोतवाल ने उसका पता पूछा। उसके पिता तक ख़बर पहुँचाने के लिए मुंशी को निर्देश दिया।

पिता तक ख़बर पहुँची। वह भागे-भागे कोतवाली पहुँचे। कोतवाल ने मामला संगीन बताया। बोला—"आप तो सरकारी आदमी हैं। समझदार हैं। अब आपसे क्या लुकाना-छिपाना!...आपका बेटा क्रिमनल सबका लीडर हो गया है।...पटना से उग्रवाद पढ़कर लौटा है। उग्रवादी सबका थिंकटैंक है आपका बेटा।...थिंकटैंक बूझते हैं?...नहीं बूझते?...तब क्या कद्दू बूझते हैं?...बूझना होगा सब। नया मरज़ है। बिना बूझे काम नहीं चलेगा। आप लोग पुलिस के कपार पर अपना बलाय

थोपकर सो जाते हैं।...आपके बेटे का माथा ख़राब हो गया है। जितना थिंकटैंक होता है, सबका माथा ख़राब हो जाता है।...जाइए...पाँच हज़ार लेकर आइए। बहुत कड़ियल एस.पी. है। समझे?''

''जी!'' उसके पिता हाथ जोड़कर खड़े थे।

''और पाँच-पाँच सौ का नोट नहीं, सौ-सौ का नोट चाहिए। आजकल पाँच सौ का जाली नोट खूब चल रहा है। पूरे बाज़ार में पाँच सौ के जाली नोटों की भरमार है। आई.एस.आई. का नोट फैला हुआ है। एक नोट जाली निकला कि आई.एस.आई. का मामला भी इस पर सटा।''

उसके पिता घर गए। बेटी को दहेज़ देने के लिए सहेजकर रखी हुई पत्नी की एकमात्र निशानी सोने के हार को पाँच हज़ार पाँच सौ रुपए में बेचकर कोतवाली पहुँचे। पाँच हज़ार के बदले उसे सौंपते हुए कोतवाल ने उसके पिता को सलाह दी—''बड़ा बाबू, घर के भीतर रखिएगा।...एकदम ताला मारकर। इसका माथा ख़राब हो गया है। जब तक ठीक नहीं हो, बाहर नहीं निकले। बाहर निकलेगा और अंटसंट बकेगा, तो फिर भीतर करना पड़ेगा।...पुलिस का कान हमेशा खड़ा रहता है।...अगर इस बार अफ़वाह फैलाया, तो समझिए कि रिटायरमेंट से पहले ही आपका पी.एफ. चाट जायेगा।''

उसे साथ लेकर पिता घर पहुँचे। उन्होंने दफ़्तर से एक सप्ताह की छुट्टी ली। जीवन में पहली बार वह इस तरह से संकटग्रस्त हुए थे। पत्नी की मृत्यु ने उन्हें दुःख ज़रूर दिया, पर ऐसा दुःख नहीं। पूरा जीवन वह भयभीत ही जीते रहे थे, पर ऐसा भय कभी नहीं हुआ था। जवान बेटे की दुर्दशा से उन्हें गहरा आघात पहुँचा था। पुलिस ने उसे बेरहमी से पीटा था।

पिता और बहन ने उसकी दिन-रात सेवा की। धीरे-धीरे वह स्वस्थ होने लगा। इस बीच पड़ोसी और पिता के दफ़्तर के लोग उसका हालचाल पूछने पहुँचे। ख़बर फैली थी कि वह मानसिक संतुलन खोकर एस.पी. ऑफिस में घुस गया था। उसने बोलना बहुत कम कर दिया था। पन्द्रह दिनों के बाद वह चलने-फिरने के क़ाबिल हुआ। घर में ही रहता। कभी कोई कविता-पुस्तक उठाता, एक-दो पन्ने पलटता और रख देता। पढ़ने की इच्छा ही नहीं होती। उसके मन के भीतर एक आँधी लगातार चलती रहती, जिसके ओर-छोर का उसे कोई पता नहीं था। उसने इस घटना के बाद से अब तक अख़बार नहीं देखा था। घर में अख़बार आता भी नहीं था।

कुछ दिन और गुज़रे। लगभग एक माह। इस बीच बहन छाया की तरह उसके साथ लगी रही। एक दिन बहन बोली—''उसे बाहर निकलना चाहिए। थोड़ा

घूमना-फिरना और लोगों से बोलना-बतियाना चाहिए। इस तरह गुमसुम बैठे रहने से...'' बहन की बात पर वह मुस्कुराया। उसने बहुत प्यार से बहन को देखा। बहन के क़रीब गया और उसके सिर पर हाथ फेरा। उसकी ओर पनीली आँखों से निहारता रहा और फिर फफककर रो पड़ा। बहन ने उसे तत्काल सँभालने की कोशिश नहीं की। उसे जी भर रोने दिया। थोड़ी देर बाद वह पानी लेकर पहुँची। उसका मुँह हाथ धुलवाया। चाय बनाकर ले आई । ख़ुद भी चाय लेकर उसके पास बैठी। बोली—''तुम कल से सुबह-सुबह टहलने जाया करो। सुबह की हवा से मन को ताज़गी मिलती है। मैं तुम्हें रोज़ सुबह जगा दिया करूँगी।''

दूसरे दिन की सुबह वह घूमने निकला। जाड़ा लगभग विदा हो चुका था। सुबह की हवा में हलकी खुनक थी। नथुनों से होती हुई यह हवा जब भीतर उतरती, सचमुच ताज़गी का अहसास होता। उसे अच्छा लग रहा था। यह सुबह की हवा मन को उत्फुल्ल कर रही थी। उसने सोचा, सच कह रही थी बहन। इन दिनों बहन ही उसके जीवन के केन्द्र में थी। वह बहन के इतना क़रीब कभी नहीं रहा। उसने पहली बार बहन की निकटता और बहन के स्नेह को अपने भीतर इस तरह फैलते हुए पाया। बचपन में, जब बहन छोटी थी और वह उससे कुछ बड़ा, पिता ने उसे इस शहर से दूर पढ़ने के लिए भेज दिया था। बहन छूट गई। बहन ही नहीं, माँ और पिता भी छूट गए। इन दिनों बहन फिर उसके साथ थी। उसके भीतर।

वसंत आरम्भ हो चुका था। वनस्पति जगत में वसंत का उल्लास फूटने लगा था। वह चारों तरफ निहारता चला जा रहा था। यह उसका शहर था। उसका जन्म-स्थान। पर वह पहली बार इसके सुबह के सौन्दर्य पर मोहित हो रहा था। वह गिरजा चौक की ओर जाती सड़क पर था।

गिरजा चौक से पूरब की ओर जाने वाली सड़क अक्सर निर्जन रहा करती थी। सिर्फ़ सुबह यहाँ थोड़ी आवाजाही रहती। सैर के लिए निकले तरह-तरह के लोग यहाँ दिखते। मसलन, कुछ दिन और जी लेने की लालसा में हाँफते हुए बूढ़े, स्वस्थ और सुन्दर बने रहने की होड़ में लगे अधेड़ और अपने यौवन की चकाचौंध से दूसरों को ललचाते युवा। दिन भर मनहूस की तरह सोई रहने वाली यह सड़क सुबह-सुबह चहकने लगती। इसी सड़क पर ऊँची मीनारोंवाला गिरजाघर था। गिरजाघर का विशाल परिसर कई एकड़ में फैला था। सड़क किनारे ऊँची दीवार

का घेरा था। दीवार और सड़क के बीच कदम्ब और सेमल के पेड़ों की घनी क़तारें थीं। गिरजाघर का परिसर भी विशाल वृक्षों से पटा हुआ था। ये अँग्रेज़ों के ज़माने के वृक्ष थे। मोटे तने वाले ऊँचे-ऊँचे वृक्ष। इनकी प्रजातियों के वृक्ष शहर में और कहीं नहीं थे। ये अँग्रेज़ों के अपने कुल-गोत्र के वृक्ष थे, जिन्हें सात समंदर पार से मँगवाकर उन्होंने रोपा और अपने स्मृति-चिह्न के रूप में छोड़कर लौट गए।

चलते-चलते गिरजाघर का फाटक आया। परिसर के भीतर स्त्रियाँ घूमती हुई दिखीं। क्रिकेट खेलते हुए कुछ बच्चे भी दिखे। सुबह की सैर पर निकली एक औरत तेज़ क़दमों से चलती हुई फाटक से बाहर निकली और उसके आगे-आगे चलने लगी। एक नज़र में उसे औरत का चेहरा काफ़ी आकर्षक लगा था। उसकी इच्छा हो रही थी कि वह अपनी चाल थोड़ी और तेज़ कर दे और उस औरत को पार करते हुए और आगे निकल जाए। आगे निकलने के बाद पीछे मुड़कर एक बार उसका चेहरा ग़ौर से देख ले। पर वह ऐसा नहीं कर सका। उस औरत की तेज़ चाल और पीछे से दिखती उसकी देह के भँवरजाल में वह उलझता जा रहा था। उस औरत की देह के कटाव बेहद आकर्षक थे। चाल तेज़ होती हुई भी लयात्मक थी। वह सलवार-समीज़ और दुपट्टे में थी। उसका काला दुपट्टा तेज़ गति से झूलती उसकी बाँहों के झटके से लहरा रहा था। उसने चलते हुए एक बार भी पीछे मुड़कर नहीं देखा। उसने दोनों हाथ पीछे कर चलते हुए ही बालों का क्लिप खोला, बाल सहेजकर फिर क्लिप लगा लिया। एक दक्ष जिमनास्ट की तरह तनी हुई रस्सी पर आगे-आगे वह औरत और उस औरत के पीछे-पीछे सर्कस के जोकर की तरह जैसे-तैसे वह चलता जा रहा था कि अचानक परिदृश्य बदल गया। वह औरत दाहिनी ओर एक गली में मुड़ गई।

वह अपने को ठगा-सा महसूस करने लगा। उसने अपने-आप से पूछा कि आख़िर क्यों होता है उसके साथ ऐसा कि उसकी आँखों के सामने का परिदृश्य अचानक बदल जाता है? उसे उम्मीद थी कि यह औरत उसके आगे-आगे कुछ और दूर तक चलेगी और वह उसकी गति, लय और ऊर्जा के साथ जुड़कर तेज़-तेज़ चलने लगेगा, पर...। ऐसा ही हुआ था पिछले दिनों भी जब अचानक बिन्नी परिदृश्य से ओझल हो गई थी। वह हत्प्रभ रह गया था। कुछ जाने, पूछे या कहे इसके पहले ही बिन्नी अपना निर्णय सुनाकर चली गई। वे सिविल सर्विसेज की परीक्षा की तैयारी के दिन थे। वह अपने पिता और बिन्नी का ही सपना पूरा करने में जुटा था। कविताओं की दुनिया से बाहर निकल बिन्नी के कहने पर ही...। पर रहस्यमय कथाओं की नायिका की तरह वह अदृश्य हो गई।

ग्रीन कार्ड होल्डर सॉफ़्टवेयर इंजीनियर के साथ विदेश चली गई बिन्नी। आनन-फ़ानन में मँगनी, विवाह और विदा। यह सब कुछ अगर होना ही था, तो होता, पर अचानक क्यों हुआ?

वह काफ़ी दूर निकल आया था। सामने जनता चौक था। एक भीड़ भरा चौराहा। यहाँ मज़दूरों की भीड़ थी। हर सुबह आस-पास की बस्तियों के मज़दूर यहाँ एकत्र होते और जीवित मनुष्यों की हाट सजती। फावड़ा, कुदाल, गैंती, दराँती और टोकरियाँ लिये भीड़ में चिल्ल-पों मचती। आपस में बीड़ी-तम्बाकू का लेन-देन चलता। घर-परिवार की बातें होतीं। झगड़े-मनमुटाव चलते, तूतू-मैंमैं और मान-मनौवल होता। काम मिलने की आशा में नई योजनाएँ बनतीं और नहीं मिलने की आशंका में आँखों में आँसू भरते। मज़दूरों की तलाश में किसी मालिक के आते ही मधुमक्खियों की तरह सब टूट पड़ते। लोग आते, मोल-भाव करते और ज़रूरत के हिसाब से मज़दूरों को ले जाते।

वह मुड़ने ही वाला था कि अचानक, हाँ, अचानक उसकी नज़र सामने गई।... टोकरी लिये वह औरत खड़ी थी। उसका बच्चा भी साथ था। उसने रुककर औरत को देखा। औरत के चेहरे पर प्रलय के चिह्न साफ दिख रहे थे। उसकी माँग सूनी और केश उलझे हुए थे। चेहरा कठोर हो गया था। वह थोड़ा क़रीब जाना चाहता था। वह आगे बढ़ा कि उस औरत से उसकी आँखें मिल गईं। वह ठिठक गया। औरत की बड़ी-बड़ी आँखों में सूनापन पसरा हुआ था—निर्जन दोपहरी का सूनापन। उसे देखते ही औरत की मुखमुद्रा बदलने लगी। औरत चौकन्नी हो गई। सबसे पहले उसने अपने बेटे को आकुल होकर ढूँढ़ा। टोकरी फेंककर वह पास खड़े बेटे पर झपटी और उसे गोद में ले लिया। माँ के भीतर अचानक उमड़े इस लाड़-प्यार से बच्चा अचकचा उठा। फिर बच्चे की नज़र उस पर पड़ी। बच्चा मुस्कुराया। वह भी मुस्कुराना चाहता था, पर उस औरत की हालत देखकर वह परेशान हो उठा...कुछ-कुछ भयभीत भी। औरत की आँखों में कातरता और क्रोध के मिले-जुले भाव थे। वह रुकना चाहता था। चाहता था उस औरत का कुशल-क्षेम पूछना। वह उससे बातें करना चाहता था। वह उसे बताना चाहता था कि उसके पति की हत्या में उसका हाथ नहीं, जैसा कि वह सोचती है।...और वह स्वयं उस हत्या के कारण दुखी और परेशान है अब तक, कि वह उसके दुःख में शामिल है। पर वह ऐसा कुछ भी नहीं कर सका।

वह मुड़ा और उसी रास्ते से घर की ओर लौटने लगा। उसे लग रहा था, वह औरत उसके पीछे-पीछे आ रही है। कई बार उसने पीछे मुड़कर देखा भी। उसकी क़ैफियत अजीब हो चली थी। उसे कभी लगता, वह औरत, वहीं जनता चौक पर

खड़ी उसे वापस लौटते हुए निरंतर देख रही है और उसकी आँखों से निकलती हुई लेसर किरणें उसकी पीठ में छेद कर रही हैं।

वह घर लौट रहा था। वह चाह रहा था जल्दी से जल्दी घर पहुँचना। घर पहुँचकर अपनी बहन के पास होना। लौटते हुए वही राह थी, जिस पर चलकर वह सुबह की सैर में जनता चौक तक पहुँचा था। वही वृक्ष थे।...वही हरियाली थी।...आते हुए वसंत की हल्की खुनक भरी वही हवा थी।...वही गिरजाघर था। सब कुछ वही था, पर उसके लिए फिर परिदृश्य अचानक बदल चुका था। जाते हुए काले दुपट्टेवाली अजनबी औरत के पाँवों की लय के सहारे वह काफ़ी दूर तक चला था, पर लौटते हुए उसके पाँवों के नीचे था जनता चौक पर खड़ी औरत की आँखों से पिघलकर बहता हुआ गर्म लावा।

वह वापस घर पहुँचा।

वह उद्विग्न था। एक आदिम दुःख और भय ने उसे हिलाकर रख दिया था। उसे प्यास लग आई थी।

बहन चहकती हुई आई। उसे उम्मीद थी कि उसका भाई सुबह की सैर से तरोताज़ा होकर लौटेगा और वह चमत्कृत हो जाएगी। पर वह भौंचक रह गई। उसके चेहरे पर फैली बेचैनी ने बहन को कई तरह की आशंकाओं से भर दिया। बहन ने पूछा—"क्या हुआ?"

"पानी...प्यास लगी है।" वह किसी तरह बोल सका। बहन पानी से भरा गिलास लिये वापस लौटी। उसे एक साँस में गिलास ख़ाली करते हुए देखती रही। पूछा—"और?"

उसने सिर हिलाकर ना कहा और अपने कमरे में घुस गया। बहन कुछ समझ नहीं पा रही थी कि आख़िर हुआ क्या। वह परेशान हो उठी। उसकी आँखें भर आईं। उसने दुपट्टे से अपनी आँखों को पोंछा और रसोई में जाकर चाय बनाने का उपक्रम करने लगी। पिता पूजा पर बैठे थे। वह नहीं चाहती थी कि पिता को कुछ पता चले। वह सुबह-सुबह घूमने गया है, यह जानकर आज पिता बेहद प्रसन्न थे। उन्हें लगने लगा था कि वह अब पिछले हालात से उबरकर बाहर आ रहा है और धीरे-धीरे सब कुछ पटरी पर आ जाएगा। उसके सैर पर जाने के बाद आज पिता ने माँ को भी याद किया था। वे माँ का ज़िक्र बहुत कम करते थे, पर आज उन्होंने बेटी से कहा—"तूने अपनी माँ की तरह उसे सँभाल लिया।"

बहन चाय के साथ उसके कमरे में पहुँची। वह कुर्सी पर निढाल बैठा था। पीछे की तरफ़ पीठ टिकाए। दोनों बाँहें झूल रही थीं, अलगनी पर टँगी कमीज़ की बाँहों की तरह। बहन के पैरों की आहट पाकर उसने अपने को सहज करने की कोशिश की। बहन ने चाय का प्याला दिया और वहीं, बिलकुल उसके पास फ़र्श पर बैठ गई। वह चुपचाप चाय पीता रहा। चाय ख़त्म कर उसने प्याला बहन को पकड़ा दिया। बहन ने प्याला नीचे ही रख दिया और उसके घुटनों पर सिर टिकाकर सुबकने लगी। बहन के बालों में अँगुलियाँ फिराते हुए वह चुपचाप बैठा रहा। उसके कानों में बहन के सुबकने की मद्धिम ध्वनि उतर रही थी और उसकी आत्मा के भीतर उमड़-घुमड़ रही थी।...थोड़ी देर तक यह सिलसिला चलता रहा और फिर अपने-आप रुका। बहन ने सिर उठाया। उसने झुककर बहन के चेहरे को अपनी हथेलियों में भर लिया। खूब ग़ौर से उसे निहारता रहा। फिर एक हाथ से ठुड्डी पकड़, दूसरे हाथ को सिर पर फेरा। बहन के होंठों पर एक फीकी मुस्कान उभरी। वह उठी और चाय का ख़ाली प्याला लेकर अवसाद से भरे कमरे में राह बनाती हुई बाहर निकल गई।

दिन जैसे-तैसे गुज़रा। बहन के लाख इसरार के बावजूद उसने खाना नहीं खाया। बहन मटर की हरी फलियाँ टेबल पर रख गई थी। वह कभी-कभार दाने निकालकर मुँह में डाल लेता। सारा दिन वह कमरे में बंद रहा।

शाम हुई। पिता लौटे। उसे कमरे में बंद पाकर और बेटी के चेहरे पर फैली निराशा को देख वह सब कुछ समझ गए। सुबह पूजा से उठने के बाद ही बेटी का चेहरा देख उन्हें आशंका हुई थी, पर उन्होंने अपने मन को झुठला दिया था। अपने को दिलासा दिया था कि धीरे-धीरे सब ठीक हो जाएगा।

रात हुई। बहन भूखी न रह जाए, सिर्फ़ इस अपराध-बोध के कारण उसने जैसे-तैसे खाना निगला और कमरे में बंद हो गया। रात धीरे-धीरे ऊपर सरक रही थी। कुछ देर तक रसोई से खटपट की आवाज़ आती रही। पिता को खाना खिलाने और ख़ुद रोटी के दो-चार निवाले निगलने के बाद बरतन-बासन समेटकर बहन अपने कमरे में चली गई। पिता बिस्तर पर पड़े-पड़े सोच रहे थे—कभी उसके बारे में, तो कभी बेटी के बारे में। आज बेटी को लेकर वह ज़्यादा चिन्तित थे। उन्होंने सोचा, अब जल्दी से जल्दी बेटी का विवाह कर उसे विदा करेंगे। वह करवटें बदलते और बीच-बीच में कराह उठते। पिता के कराहने की आवाज़ें उसके कानों तक पहुँचती रहीं। कुछ देर बाद सब कुछ शांत हो गया। पूरा घर नींद में था। घर ही नहीं, पूरा मुहल्ला, पूरा शहर, सब विश्रांति की चादर ओढ़ सो गए।

वह सोना नहीं चाहता था। उसे नींद से घबराहट हो रही थी। उसे लगता, सोने का अर्थ सिर्फ़ आँखें मूँदना नहीं होता। सोना, पूरी दुनिया से कट जाना, दूर हो जाना होता है। अगर वह सो गया तो यह हलचल छूट जाएगी। हर क्षण बदलते परिदृश्य पर वह नज़र नहीं रख सकेगा। वह कैसे बता पाएगा उस औरत को सच और कैसे कर पाएगा माँ-बेटे के जीवन की रक्षा? दूर देश से बिन्नी की वापसी पर वह कैसे उसे देख सकेगा? अपनी बहन से भी अब वह दूर नहीं जाना चाहता था। वह अपने पिता को रिटायरमेंट के बाद की ज़िम्मेदारियों से मुक्त करना चाहता था। उसने अपने कमरे में भर चुके अँधेरे को अपनी आँखों से भेदते हुए कमरे की खिड़कियों-दरवाज़ों को टटोला। कमरे में रखी चीज़ों को आँखों से छूने की कोशिश की। वह अपनी आँखों के सहारे कमरे से बाहर निकलना चाहता था।

अजीब रात थी यह, जिसमें वह सोना नहीं चाहता था, पर जागना भी उसके लिए कम दुष्कर नहीं था। जागती आँखों के स्वप्न दलदल की तरह उसे अपने भीतर खींचते जा रहे थे। अकथ पीड़ा के साथ वह धँसता जा रहा था इन स्वप्नों में। असह्य यातना से भरी इस रात का वह अकेला रचयिता था, तमाशबीन था, भोक्ता था। उसकी आँखों में दृश्य ऐसे भरते, मानो किसी अनजाने ग्रह के रहस्यमय जीवन की गतिविधियाँ हों—फुसफुसाती हुई भयभीत करती ध्वनियों में घुली-मिली। वह औरत, और उसकी बहन, और उसकी माँ, और बिन्नी...सबका चेहरा इन दृश्यों से छन-छनकर बाहर आता। कभी-कभी ये तमाम चेहरे एक-दूसरे में मिल जाते। कभी सौरा की तेज़ धारा में चिन्दी-चिन्दी होकर बहती बहन दिखती, तो कभी कोशी-तट पर फैले बालू के ढूह में गले तक धँसी माँ दिखती। उसे कभी इस शहर के अदृश्य पहाड़ों के शिखर पर खड़ी बिन्नी दिखती और कभी दिखती वह औरत...धुँआती धरती के गर्भ से बाहर निकलती और अग्नि की लपटों पर सवार होकर आकाश में चक्कर काटती हुई।

हमेशा की तरह अचानक परिदृश्य बदला। एक चक्रवात ने उसके कमरे में, उसकी देह में, उसकी आत्मा में प्रवेश किया। वह एक पत्ते की मानिन्द उड़ा। कमरे की एक-एक चीज़ उड़ रही थी।...उन कविताओं के शब्द और अर्थ, जिन्हें उसने वर्षों से अपने भीतर सहेजकर रखा था। बचपन की स्मृतियाँ, जो उसके साथ जवान हुई थीं। बिन्नी की यादें, जिन्हें उसने गठरी बाँधकर मन की खूँटी पर टाँग रखा था। बहन और पिता का निर्विकल्प स्नेह, जो उसकी शक्ति था। चक्रवात ने खिड़कियों-दरवाज़ों को खोल दिया था। शहर की तमाम गर्द, वृक्षों के सूखे पत्ते, कोशी की उपधाराओं का जल—उसके कमरे में सबकी आवाजाही मची थी। कमरे की दीवारें उड़ गईं।

वह अपने कमरे से बाहर था। उसके पाँव आँगन में भी नहीं टिक सके। वह घर से बाहर था। भयावह-गहन अँधेरे में उड़ता चला जा रहा था वह। उसके आगे-आगे राह दिखाती चल रही थीं उस औरत के बच्चे की छवियाँ। कदम्ब की डाल पर बेफ़िक्री से बैठा बच्चा...अपने पिता के गले में बाँहें डाले पीठ पर सवार झूलता हुआ बच्चा।...अब स्वप्न सिर्फ़ उसकी जागती आँखों में ही नहीं, रामबाग़ की झोंपड़पट्टी की ओर चलते हुए उसके पाँवों में भी थे।

(शीर्षक 'स्वप्न जैसे पाँव' शमशेर बहादुर सिंह की एक कविता-पंक्ति, आभार सहित। वागर्थ, जून, 2004 में प्रकाशित।)

फ़जर की नमाज़

बदरु फ़जर की नमाज़ अदा कर रहे थे। 'कूँ-काँ' की आवाज़ें पहले से आ रही थीं, जो अचानक बदल गईं। बहुत तेज़ 'झाँव-झाँव' शुरू हो गई। पल भर के लिए उनकी आँखों के सामने गली का दृश्य कौंधा और नमाज़ में ख़लल पड़ गया। मुँह से अपशब्द निकलने ही वाला था कि उन्होंने जैसे-तैसे अपने को रोका और बुदबुदाए—"लाहौल वला कूवत इल्ला व इल्लाह... ।"

बदरु नमाज़ ख़त्म कर उठे। कुश की चटाई को मोड़कर किनारे खड़ा किया। बाहर निकले। गली में रोर मची हुई थी। बदरु गरजे—"अरे हरामियो! हमारे दुआर को अखाड़ा क्यों बना रखा है?...साले रात-विरात यहीं मजमा लगाए रहते हैं।...दुर्र...दुर्र...दुर्र... ।"

फटकार बे-असर रही। बदरु आगे बढ़े और लाठी उठाकर ओसारे के नीचे उतरने लगे। गिरते-गिरते बचे। वह सँभलें और फिर से आगे बढ़ें, तब तक अपने पीछे लगे आशिक़ों का झुंड लिये एकलौती कुतिया खिसक गई। कातिक का महीना चल रहा था।

ठंड बढ़ चली थी। बदरु को चादर की ज़रूरत महसूस हुई। वापस कोठरी में लौटे। चादर ग़ायब थी। वह अपनी कोठरी से निकल दो-मुँहे तक आए। दो-मुँहे से ठीक सटी थी मेहँदी की कोठरी। बदरु आवाज़ देने ही वाले थे कि मद्धिम आवाज़ में खिल-खिल करती हँसी के कुछ टुकड़े उनके कानों में तैर गए। साथ में फुसफुसाहट भी थी। वह ठिठक गए। मन का कोई कोना ख़ुशी से भींग गया। एक कोना दरका भी और लतीफ़ की अम्मी कौंध गईं। पर दूसरे ही क्षण वह भुनभुनाने लगे—"यह भी कवनो बखत है?...जवान लड़के को तो अब तक उठ जाना चाहिए। यह बखत है माल-मवेशी के लिए सानी-पानी करने का...खेत-बधार देखने का...और हमारे लाटसाहेब... ।"

हवा का एक छोटा सा झोंका आया और ठंड की किरचें चुभोते हुए दो-मुँहे के बंद पल्लों से टकराकर वापस लौट गया। ठंड वाक़ई बढ़ गई थी। उन्होंने

आवाज़ दी—"बसीरत!...बसीरत!"

"आया अब्बू।" भीतर से मेहँदी ने जवाब दिया।

बसीरत को ससुराल गए पच्चीस साल हो गए, पर बदरु उसी को पुकारते। चाहे किसी से ग़रज़ हो...कोई काम हो...आवाज़ बसीरत को ही देते। लतीफ़ की अम्मी ज़िन्दा थीं, तो भी उसे ही पुकारते। बुलाते थे बसीरत को और निकलती थीं उसकी अम्मी। सबको मालूम था कि अब्बू बसीरत को नहीं, अम्मी को बुला रहे हैं। कोई टोकता, तो कहते—"ये हक़ बेटी का होता है। बेटी भले घर छोड़कर चली जाए, पर आँगन तो उसी का होता है।"

"का है अब्बू?" दो-मुँहे का दरवाज़ा खोलते हुए मेहँदी सामने थे।

"चादर नहीं मिल रही है। अब रजाई ओढ़कर बाहर निकलें? सौ दफ़ा कहा कि हमारा कपड़ा-लत्ता इधर-उधर मत किया करो...पर हमारी बात कोई सुने तब तो!"

"धुलने के लिए आई थी चादर। चीकट होने लगी थी।" कहते हुए मेहँदी भीतर गए और चादर सहित लौटे। बोले—"भोरे-भिनसारे कहँवा जा रह हो? ठंड बढ़ रही है। लग गई तो?"

"तो का होगा? जान चली जाएगी। यही न? जान सँजोकर का करना है अब?...तुम अपनी मनमरज़ी करते रहो। जब तक जी में आए चादर तानकर नाक बजाओ।...बाहर का काम करने के लिए किसी को तो बाहर निकलना पड़ेगा?"

बदरु चादर लेकर अपनी कोठरी में गए। इस बीच मेहँदी की औरत बाहर निकली और दो-मुँहा पार कर सहन में पहुँच गई। बदरु अपनी कोठरी से बाहर निकलें, तब तक वह झाँग उठाकर सहन बुहारने लगी। बाहर निकलकर बदरु ने मेहँदी की औरत को सहन बुहारते देखा, तो फिर मेहँदी पर निशाना साधा—"देख लो, औरत होकर बाहर के काम का कितना ख़याल रखती है। अब खड़े का हो? जाओ, जाकर कम से कम गाय को तो नाद पर बाँधो।"

बदरु निकल गए। अभी किरन फूटने में देर थी। किरन फूटने से पहले उन्हें अपने खेत तक पहुँचना था। शीत से भींगी कतकी धान की बालियों को निहारने का सुख मेहँदी को क्या मालूम! तेज़ क़दमों से जाते हुए बदरु सोच रहे थे कि अगर फ़सल तैयार होगी, तो कल से कटनी का काम शुरू करना होगा। बस यही एक टुकड़ा था जिसमें वह धान की फ़सल उपजाते थे। मेहँदी और उनकी औरत मिलकर काटें, तो किरन फूटने से पहले तक पाँच कठ्ठा काट लेंगे। दो दिन लगेंगे।

अपने अब्बू को जाते हुए निहारते रहे मेहँदी। अब्बू के जाने के बाद उन्होंने

अपनी औरत की ओर देखा। उसने झाँग चलाना रोक दिया था और बाज़ी मार लेने की ख़ुशी में इतराती हुई पति को देख रही थी।

मेहँदी मात खा गए थे। अब्बू के उठने की आहट जैसे ही मिली, मेहँदी उठ गए थे। निकलने ही वाले थे कि इस जादूगरनी ने अपने इन्द्रजाल में फाँस लिया।...और अब वह अपने अब्बू की डाँट खाकर भकोल जैसा मुँह बनाए खड़े थे और औरत कामकाजी होने का तमगा जीत कर इठला रही थी...उन्हें चिढ़ा रही थी। मेहँदी बोले—"अब आज तुम्हीं करो सबकुछ। ना तो हम गाय-गोरू का सानी-पानी करेंगे और ना दूसर कवनो काम।...बस, एक ही काम है हमारे ज़िम्मे।"

"कवन काम?" विहँस उठी मेहँदी की औरत।

मेहँदी क़रीब आकर बोले—"तुम मुस्की काटती रहो। जानती हो कि जब से अरब जानेवाली बात हुई है, अब्बू मुँह फुलाए रहते हैं। बात-बेबात हमारे ऊपर गरजने लगते हैं...कभी चुप्पी तान देते हैं।...और तुमको हँसी-ठठ्ठा सूझ रहा है।"

"तुम बात ना मानोगे तो हमहुँ मुँह फुला लेंगे," मेहँदी की औरत ने हँसते हुए कहा। मेहँदी गाय को नाद पर खूँटे से बाँधे बिना निकल गए और मेहँदी की औरत विहँसती रही।

मेहँदी की औरत अपने हँसमुख स्वभाव के लिए समूचे गाँव में जानी जाती थी। बड़े-बूढ़ों से लेकर छोटे तक उसकी तारीफ़ करते। उसे ऊँचा बोलते, झगड़ा करते किसी ने नहीं सुना था। मेहनती भी ग़ज़ब की थी। काम तो उससे पनाह माँगता था। हवा की मानिंद यहाँ से वहाँ दौड़ती और बिजली की तरह अपनी कौंध से चकाचौंध पैदा करती। मेहँदी को सारा गाँव घरघुसरा कहता। वह बीवी के आँचल के छोर में बँधे रहनेवाले पति के रूप में मशहूर था। उसके हमउम्र उसे चिढ़ाते और नसीब का साँड कहते।

बदरु का घर कुछ ही दिनों पहले एक बड़े हादसे से गुज़रा था और अब धीरे-धीरे सामान्य दिखने लगा था। हालाँकि, ऊपर से सहज दिखते हालात भीतर से उतने सहज नहीं थे। हफ़्ता भर पहले जब मेहँदी ने अरब जाने के बारे में बदरु से बात की, तो वह कुछ बोले नहीं, पर उनके भीतर कहीं कुछ बहुत ज़ोर से टूटा। एक दुःख, जिसे वह भूलने में लगे थे, फिर उनके सामने था। एक दहशत, जिसकी परछाईं से वह पीछा छुड़ाना चाह रहे थे, अपनी शैतानी बाँहों से घेरने के लिए

उनकी तरफ़ बढ़ी चली आ रही थी। बदरु की नींद उचट गई थी। उनका सुकून जाता रहा था। वह सोचते, बसीरत की अम्मी कुछ सालों तक और ज़िन्दा रह सकती थीं, पर वह हालात की दबिश को बर्दाश्त नहीं कर सकीं।...और इस बार?...क्या होगा इस बार? अगर मेहँदी नहीं माने तो?

दस-दस कठ्ठे के चार टुकड़े यानी कुल दो बीघे की उपजाऊ खेती के मालिक थे बदरु। दो बेटों लतीफ़ और मेहँदी के बीच में एक बेटी बसीरत सहित तीन औलादों के ख़ुशहाल पिता थे बदरु। यह समय कोई और समय था, जो उनकी आँखों के सामने उनकी ज़िन्दगी से धीरे-धीरे खिसक गया। वह एक ऐसे अन्धे कुएँ में आ गिरे थे, जहाँ से निकलना उन्हें नामुमकिन लगता। अगर मेहँदी की औरत नहीं होती, तो शायद अब तक कुछ भी नहीं बचा होता। वह तो नहीं ही ज़िन्दा होते।

बसीरत के ब्याह तक सब ठीक-ठाक था। पचरुखी की चीनी मिल उन दिनों बंद नहीं हुई थी। एक बीघा गन्ने की फ़सल तीन-चार सालों तक काट ले कोई किसान, तो बेटी का ब्याह आसानी से हो जाता था या फिर दो-चार कोठरियोंवाला पक्का घर नसीब हो जाता था। बसीरत के ब्याह के समय इसी मिल और गन्ने की खेती ने उन्हें सहारा दिया था। आज बसीरत अपने घर ख़ुशहाल है। लतीफ़ और मेहँदी के लिए ज़्यादा नहीं, तो कम भी नहीं था उनके पास। चल ही रही थी ज़िन्दगी। मेहनत के बल पर दो रोटी और दो बीघे की खेती का सुकून कम नहीं होता। चार कोठरियोंवाला खपड़ापोश मकान, मकान के साथ दो कठ्ठे का सहन, सहन किनारे कुआँ, कुआँ के पास कटहल और मिठुआ आम के दरख़्त, दरवाज़े के सामने खूँटे से बँधे बैलों की जोड़ी, साँझ-सवेरे भर-भर बाल्टी दूध देनेवाली गाय, हर साल क़ुर्बानी के दिन के लिए अपना पोसा बकरा और मुर्ग़ियों से भरे तीन दड़बों के सिवा भला और क्या चाहिए किसी को जीने के लिए! बदरु ख़ुशहाल थे। गाँव मे इज़्ज़त थी। लोग-बाग दुआ-सलाम करते। बेटी-दामाद आते तो जश्न मनता। बकरे का सालन पकता। फिरनी पकती। अपने नवासे को काँधे पर बैठाकर हसनपुरा बाज़ार तक घूम आते बदरु। हसनपुरा से लौटते, तो उनके हाथों में घर भर के लिए जलेबियाँ होतीं या खील-बताशे होते।

बसीरत की शादी के बाद कुछ दिनों तक सबकुछ ठीक रहा। परवाज़ भरते हुए दिन थे। पता भी नहीं चला कि घुन की तरह कब घुस आया दुःख ज़िन्दगी में और खोखला करता रहा। जिस चीनी मिल और गन्ने की खेती ने परवाज़ भरने

की ताक़त दी, उसी ने पंख काट लिये। दो सालों का पैसा मिल में बाक़ी हो गया। किसान दौड़ते रहे। पछिया में टूट कर गिरे पत्तों की तरह उड़ते रहे लोग। क़र्ज़ लेकर उपजाई गई तीसरे साल की फ़सल मिल का चालान कटने के इंतज़ार में खेत में ही खड़ी रह गई। मिल मैनेजर के दफ़्तर से लेकर को-ऑपरेटिव वालों के पीछे भागते-दौड़ते पाँव सूज गए, पर बदरु को चालान नहीं मिला। मिल मालिकों ने बिना कोई ऐलान किए मिल बंद कर दी। सीजन शुरू होते ही मिल की बंदी से अफ़रा-तफ़री मच गई। रोज़ अफ़वाहें उड़तीं। मिल आज खुलेगी...कल खुलेगी...अगले हफ़्ते खुलेगी...बस अब खुलने ही वाली है; ऐसी ख़बरें भरमाती रहीं और गुड़ भी नहीं बना सके लोग। पछिया हवा चली और देखते- देखते सारा रस चूस कर ले गई। खेत में खड़ी फ़सल को अपने हाथों आग के हवाले किया लोगों ने। चौथे साल लोगों ने इस उम्मीद में फ़सल लगाई कि शायद खुल जाए मिल। इतनी बड़ी मिल, इतना बडा ताम-झाम, इतना बड़ा व्यापारी—ऐसे ही थोड़े बंद हो जाएगी मिल! कुछ न कुछ तो ज़रूर होगा। कोई न कोई राह निकलेगी ही। अगर खुल गई मिल और मिल मालिक पुराना पैसा सिर्फ़ उसी को देने को राज़ी हुआ, जो इस साल गन्ना देगा, तब तो डूब ही जाएगा पुराना बक़ाया। लोगों ने फिर फ़सल लगाई। इस बार भी क़र्ज़ लेकर गन्ना लगाया था बदरु ने। डूबे तो इस बार भी, पर किसी तरह क़र्ज़ का ब्याज़ देने भर के लिए पैसे निकाल सके। गुड़ बनाकर पीछा छुड़ाया और भाव गिरने के चलते औने-पौने दाम बेचकर ब्याज़ चुकाया। इसी साल पहली बार बदरु के पाँव काँपे...कलेजे में दर्द शुरू हुआ... रातों की नींद उड़ी और अनाज का कौर मुँह में माहुर की तरह लगने लगा। इसके पहले भी कई बार मुसीबतों ने उन्हें घेरा था, पर राह निकल आती थी। इस बार वह शिकंजे में फँसे थे। पहली बार उन्होंने दस कठ्ठा खेत बेचकर क़र्ज़ अदा किया। ब्याज़ की बढ़ती हुई रकम सब निगल जाए, इसके पहले उससे पीछा छुड़ाना ज़रूरी था। जिस दिन कचहरी में बयनामे के दस्तावेज़ पर अँगूठा लगाकर वह घर लौटे, उस रात बच्चों की तरह बिलख-बिलखकर रोते रहे। उन्हें अपने अँगूठे से घिन आने लगी थी। जी करता, उसे काटकर फेंक दें। लतीफ़ की अम्मी सारी रात उनके सिरहाने बैठी रहीं और उन्हें अल्लाहपाक का भरोसा दिलाती रहीं।

ज़िन्दगी दूभर होने लगी थी। बिका हुआ धरती का टुकड़ा आँखों के सामने नाचता रहता। बदरु चुप-चुप रहते। उन्होंने लतीफ़ का ब्याह किया और लतीफ़ की अम्मी

की ज़िद पर दूसरे ही साल मेहँदी की भी शादी कर दी। बहुएँ घर आईं। बन्ना-सहाना के बोल गूँजे। रिश्तेदारों की भीड़ जुटी। दावतें हुईं। घर में रौनक भर गई। घर-आँगन में दो-दो बहुओं की आवाजाही, उनकी हँसी, उनके गीत, काम-काज में उनकी हिस्सेदारी यानी घर में उनकी उपस्थिति का संगीत गूँजता और बदरु सबकुछ भूलकर अपने भीतर फूटते ज़िन्दगी के नए अँखुए को सींचते। दोनों बहुओं के बीच दूसरे घरों की बनिस्पत आपसी तालमेल भी ठीक ही था। बसीरत की भी मायके में क़द्र थी। लतीफ़ की अम्मी को बेटी की फ़िक्र नहीं करनी पड़ती। बहुएँ उनकी बेटी का ख़याल रखतीं। अपने बेटों के साथ मिलकर बदरु अपने खेतों के अलावा बँटाई पर भी थोड़ी खेती करने लगे। इतना उपजने लगा कि पेट ख़ाली न रहे। हाँ, हाथ ज़रूर तंग रहते।

यह हाथ की तंगी तब और ज़्यादा खलने लगी, जब गाँव के लोगों ने अरब जाना शुरू किया। लोगों ने खेत बेचे, गहने बेचे, क़र्ज़ लिया, और दिल्ली-बम्बई के दलालों के चक्कर काटे। जिसका नसीब साथ दिया, वह अरब निकल गया। कुछ ठगी का शिकार होकर लौटे भी, पर जो चला गया, उसने अपने घर की सूरत बदल दी। गाँव में घुसते ही यह पहचानना मुश्किल नहीं रहा कि अरब के कमासुतों के घर कौन हैं। वहाँ तमाम तक़लीफ़ें झेलकर लोग पैसे बचाते और देखते-देखते यहाँ घर-परिवार का रंगत बदल जाती।

लतीफ़ ने जब बदरु के सामने अरब जाने की बात रखी, तो वह कुछ समझ नहीं सके। इतना ही बोले—"का करने जाओगे? इतनी दूर जाकर का मिलेगा? जो नहीं जा रहा, वह भी तो जी ही रहा है। हमारे कलेजे में इतनी ताक़त ना है कि तुम्हें अरब जाने को कह दें।"

बहुत मान-मनौवल के बाद राज़ी हुए बदरु, पर जब उन्होंने रुपयों की बाबत सुना, तो उनके होश उड़ गए। वह कलेजा कूटते रहे, छटपटाते रहे, पर लतीफ़ की ज़िद के आगे उनकी एक न चली और दस कठ्ठे का दूसरा टुकड़ा भी खिसक गया।

लतीफ़ बम्बई गए। काम सीखा। चार महीनों तक बम्बई में डेरा डाले रहे। नसीबवाले थे कि एजेंट बे-ईमान नहीं निकला और लतीफ़ अरब चले गए। हसनपुरा डाकघर में बदरु के नाम खाता खुला। कुछ हज़ार के ड्राफ़्ट के साथ लतीफ़ का ख़त आया। उन्होंने लिखा था—"आप फ़िक्रमंद मत होइएगा। बयनामे के साथ तीन साल का इक़रारनामा है। हमलोग जल्दी ही खेत वापस छुड़ा लेंगे। हम राज़ी-ख़ुशी हैं। इन पैसों से बच्चों के लिए कपड़े सिलवा देंगे और घर के दूसरे ज़रूरी काम भी निबटा लेंगे।"

घर भर के लिए कपड़े सिले। लाख चाहा मेहँदी ने पर बदरु ने अपने लिए कुछ भी नहीं ख़रीदने दिया। लतीफ़ की अम्मी के लिए साड़ी ज़रूर ख़रीदी गई। बसीरत, दामाद और बच्चों के कपड़े और पकवान लेकर मेहँदी बहन के घर गए। एक साँझ लतीफ़ की अम्मी ने बदरु से कहा–"लतीफ़ की औरत अपने मायके जाना चाहती है। घूम-फिर आती तो अच्छा रहता। जबसे लतीफ़ गए हैं, मन मारे रहती है।"

"भेज दो। मेहँदी को कहो, साथ जाकर पहुँचा आएँ।" बदरु ने तुरंत हामी भर दी, पर हिदायत के साथ–"...पर जल्दी ही रुख़सती के लिए कह देना। ऐसा न हो कि वे लोग रुख़सती में देर कर दें। यहाँ भी तो बच्चों के बग़ैर सूना-सूना हो जाएगा।"

"हाँ, सो तो है।" लतीफ़ की अम्मी पतोहू को ख़बर देने भीतर चली गईं।

"बदरु ने टोका–"सुनो, मेहँदी से कह देना कि जाएँ, तो वहीं डेरा न डाल दें। जीभचटोरी उनकी पुरानी आदत है। लतीफ़ की ससुराल जाकर अक्सर जम जाते हैं। यहाँ सब हमारे कपार पर अकेले का बोझ हो जाएगा।"

" हमारे बेटे को जीभचटोर मत कहो। रसूलपुर वाले उसको आने ही नहीं देते, तो इसमें उसका कवन कसूर?"

रसूलपुर जाने की तैयारियाँ शुरू हुईं। पकवान बने। नए कपड़े पहले ही सिल चुके थे। मेहँदी अपनी भौजी को लेकर रसूलपुर पहुँचे। चार-पाँच दिनों तक जमे रहे। दावत उड़ाकर जीभ चटकारते हुए लौटे।

लतीफ़ के ख़त का इंतज़ार होता रहा। न ड्राफ़्ट आया और न ही ख़त। कोई खोज-ख़बर नहीं। मेहँदी रसूलपुर पहुँचे तो पता चला कि यहाँ तो हर पन्द्रहवें दिन ख़त आ रहा है। पैसों के बारे में उन्होंने पूछना ठीक नहीं समझा, पर लतीफ़ के साले ने बताया कि बाजी के नाम एक खाता खुला है। इतनी सूचना काफ़ी थी। मेहँदी ने रुख़सती की बात की तो ख़ुद लतीफ़ की बीवी ने कहा–"वे लौट आएँ, तब। बिना उनके वहाँ रहने का जी नहीं करता।"

मेहँदी लौटे। बदरु के लिए यह गहरी चोट थी। तिलमिला उठे वह। लतीफ़ के लिए खेत बेचते हुए चुभन हुई थी, पर दर्द अब जाकर उभरा। बदरु मुँह के बल गिरे। लतीफ़ की अम्मी का तो कलेजा ही कट कर रह गया। दोनों पोतों की सूरत आँखों के सामने झिलमिल करती। भागती हुई बसीरत पहुँची। बसीरत और मेहँदी की औरत ने मिलजुल कर दोनों को सँभाला। बदरु बोले–"मेरे जीते जी हो गया, अच्छा हुआ।"

लतीफ़ अरब से लौटे। सीधे ससुराल पहुँचे। हफ़्ता-दस दिनों बाद अकेले गाँव आए। अब्बू, अम्मी और मेहँदी के परिवार के लिए कपड़े लाए थे। उनके आते ही घर भीतर ही भीतर भट्ठी की तरह धधक उठा। किसी ने कुछ कहा नहीं, पर लतीफ़ ने इस तपिश को महसूस किया। सिर्फ़ अम्मी से उनकी बातें हो सकीं। अम्मी ने बच्चों के यहाँ आने और रहने की बाबत पूछा। लतीफ़ का दो टूक जवाब सुनकर उनकी ज़ुबान तलुए में सट गई। इसके बाद वह कुछ भी नहीं पूछ सकीं। बस, इतना ही कहा—"ठीक है।...जैसी तुम्हारी मर्ज़ी।"

लतीफ़ तीन सालों बाद अरब से लौटे थे। इक़रारनामे के दिन गुज़रने के बाद गाँव पहुँचे थे। सारी उम्मीदों पर पानी फिर जाने के बाद बदरु के पास कुछ भी कहने-सुनने के लिए बचा नहीं था। क्या कहते?

उन्हें और मेहँदी को बताए बिना लतीफ़ वापस ससुराल चले गए। छोड़ गए ख़ैरात के कुछ कपड़े और मकान तथा बचे हुए खेत का अपना हिस्सा। जाते हुए गाँव के लोगों को बता गए—"अब गाँव नहीं लौटना है। वहीं ससुराल में बसना है। जब यहाँ कवनो आदमी भर मुँह बात करने को तैयार नहीं, तो फिर कैसा नाता-रिश्ता?"

अरब वापसी के लिए अपनी ससुराल से लतीफ़ जिस दिन बम्बई के लिए रवाना हुए, उसी दिन उनकी अम्मी पर फ़ालिज़ ने हमला किया और उन्होंने खाट पकड़ ली। बोल-चाल बंद हो गई। बस टुकुर-टुकुर निहारती रहतीं और आँखों से आँसू झरते रहते। वह सात-आठ महीनों तक बिस्तर पर पड़ी रहीं।...और एक रात, जब सब लोग सोए थे, चुपचाप चली गईं। फ़जर की नमाज़ के लिए उठते ही बदरु आवाज़ लगाते—"बसीरत!...बसीरत!" और मेहँदी बाहर निकलकर उन्हें बताते कि "सब ठीक है!" यह रोज़ का सिलसिला था। बदरु की आवाज़ सुनकर मेहँदी और उनकी औरत उठे। अम्मी को देखने गए। वह जा चुकी थीं। पहर भर पहले ही मेहँदी की औरत उन्हें देखकर लौटी थी। वह महीनों से कच्ची नींद सोती और उठ-उठकर अम्मी को देखा करती। मेहँदी की औरत की चीख़ सुनकर बदरु सब कुछ समझ गए थे।

लतीफ़ की अम्मी के जाने के बाद बदरु ने ख़ुद को सँभाला। मेहँदी की औरत ने माँ और बेटी बनकर उनकी देख-भाल की। बदरु की देह अब झुकने लगी थी। मन का घाव देह को घुन की तरह खा रहा था। बँटाईदारी वाली खेती हाथ से

निकल गई। एक बीघे की खेती से गुज़र चलना मुश्किल था। जी तोड़ मेहनत के बावजूद मेहँदी के हाथ ख़ाली रहते। बदरु की दवा तक के पैसों का जुगाड़ मुश्किल से हो पाता था।

एक रात, खाना खाने के बाद अपने अब्बू की खाट के पायताने बैठकर मेहँदी ने दो-चार सालों के लिए अरब जाकर कमाने की बात की तो बदरु काँप उठे। सिहर उठा उनका मन। बहुत देर तक चुप रहे बदरु। मेहँदी अपने जाने के पक्ष में दलीलें पेश करते रहे। मेहँदी बोल रहे थे—"...हम भाई की तरह गाँव-घर छोड़कर ससुराल थोड़े बस जाएँगे!...ना अब्बू, ऐसा न होगा!...आप भरोसा रखिए।...हालत सुधर जाएगी। ज़मीन की वापसी मोटी रक़म के बिना हो नहीं सकती। कुछ रक़म जमा हो जाएगी, तो न सही, पुराना खेत...कोई दूसरा ही ख़रीद लेंगे, तो पुराने का मलाल जाता रहेगा।...नसीब साथ दे तो और बेहतर माटी मिल जाएगी।...घर भी ख़स्ताहाल हो रहा है। ईंट की दो-तीन कोठरियाँ बन जाएँगी, तो एक-दो पुश्त के लिए इत्मीनान हो जाएगा।"

"जाने का ख़रच?" छोटा सा सवाल उछालकर बदरु ने आँखें मूँद लीं।

"हाँ, इसकी परेशानी तो है। चालीस हज़ार के आसपास एजेंट लेगा। तीन-चार महीनों तक बम्बई में रहना होगा। बसीरत के जेठ का बेटा है वहाँ। हम उससे बात कर चुके हैं। उसके साथ रहकर पलम्बर का काम सीखना होगा पहले। वो सारे इंतज़ाम कर देगा। एजेंट भी उसकी जान-पहचान का है।...वहाँ रहने के लिए भी हाथ में पन्द्रह-बीस हज़ार तो चाहिए ही।...साठ-सत्तर हज़ार का खेल है, पर इसकी गारंटी है कि सात-आठ महीने में इतनी रक़म तो भेज ही देंगे हम।"

"तो फिर?" काँप रहे थे बदरु।

"तुम चाहो, तभी कुछ हो सकता है अब्बू। तुम अगर ना कर दोगे, तो हम ज़िद ना करेंगे।" मेहँदी ने अपने अब्बू को ढाढ़स बँधाने की कोशिश की।

"अब हमारे चाहने और न चाहने के लिए बचा ही का है? ज़मीन बेचकर ही कुछ हो सकता है। अब हमको और सौ साल थोड़े ही जीना है। हमारी तो कट गई। खेत तुम्हारा...तुम जो जायज़ समझो, करो। हमको तो अँगूठा लगाना है...लगा देंगे।...बाप-दादा की पुश्तैनी खेती में एक बित्ता भी ज़मीन न जोड़ सके, इसका अफ़सोस ना है हमको। बस मरते-मरते ये अफ़सोस ज़रूर रह जाएगा कि जो था, उसकी हिफ़ाज़त ना कर सके।...सब नसीब का खेल है।" बोलते-बोलते बदरु हाँफने लगे। उनकी साँस उखड़ रही थी।

मेहँदी ने पीठ सहलाते हुए कहा—"सो जाओ अब्बू। बाद में बात करेंगे।...तुम्हारी तबीयत ठीक नहीं लग रही है।"

खाट पर लेटे-लेटे बदरु आसमान निहारते रहे। खाट ओसारे में थी। आधा आसमान दिख रहा था। आसमान में सितारों के गुच्छे थे। खदबदा रहा था आसमान। आसमान था या धरती के ऊपर औंधे मुँह टँगी हुई खौलते पानी से भरी बटलोही थी? सितारे थे या बुलबुले थे? बदरु के भीतर की आग की तपिश से बनते...फूटते...और भाप बनकर उड़ते हुए बुलबुले। बदरु ने सोचा, सितारे होते तो लतीफ़ की अम्मी इनमें ज़रूर छिपी हुई होतीं। वहीं से देख-सुन रही होतीं सब कुछ। बुलबुले ही हैं।

अपने अब्बू को गुमसुम पाकर मेहँदी उठे। कहा—"उठो। खाट भीतर कर दें। ओसारे में ठंड लग जाएगी।"

"अभी छोड़ दो। कोठरी में दम घुटता है।" बदरु ने कहा और आँखें मूँदकर अँधेरे में ज़िन्दगी के सिरे खोजने लगे।

मेहँदी के अरब जाने की बात से बदरु के भीतर एक अजीब सा डर बैठ गया था। वह अपने मन से लड़ते-झगड़ते...कभी अपने मन को समझाते-बुझाते...तो कभी अदृश्य हो चुकीं लतीफ़ की अम्मी से बतियाते। और जब कोई राह नहीं निकलती, तो चुप्पी तानकर बैठ जाते। बात-बेबात मेहँदी पर उखड़ जाते और कोसते। गाँव के दूसरे लोगों से भी कटने लगे थे बदरु। एक मेहँदी की औरत थी, जिस पर उन्हें भरोसा था...जिसमें वह लतीफ़ की अम्मी और बसीरत की छाया पाते थे।

बदरु जब खेत से लौटे, उनके हाथ में धान की बालियों का गुच्छा था। शीत से भीगे थे धूल सने पाँव। सानी-पानी से तृप्त बैठी पागुर करती गाय ने उन्हें देखा, तो हँकरती हुई उठी। लगा, पगहा तोड़कर उन तक जा पहुँचेगी। बदरु पास आए और उसके शीश पर हाथ फेरने लगे। उसकी पीठ को सहलाया और धान की बालियों के गुच्छे में से एक डाँठ खींचकर उसके मुँह में डाल दिया।

मेहँदी अपने अब्बू के पीछे-पीछे आए। इन दिनों वह अपने अब्बू के साथ छाया की तरह लगे रहते थे। उन्हें डर था कि अब्बू कहीं खेत बेचने की फ़िक्र में कुछ कर न बैठें! हालाँकि उन्हें भरोसा था कि अगर वह अरब चले गए, तो देखते-देखते अच्छे दिन बहुर आएँगे।

कतकी धान की फ़सल कटी। खलिहान पहुँची। दँवरी के बाद धान के दाने

घर आए। चिवड़ा और चावल की दूधिया आभा से चमक उठे बरतन-बासन और गंध से मह-मह कर उठा घर-आँगन। रबी कटने के बाद चैत-वैशाख और खरीफ़ कटने के बाद कातिक-अगहन के महीनों में ही अमूमन ज़मीन की ख़रीद-बिक्री हुआ करती थी।...एक दिन ख़ुद बदरु ने ही मेहँदी से कहा—"ख़रीददार तय कर लो।...लिखाई का दिन भी।"

दस-दस कट्ठे के बचे हुए दो टुकड़ों में से एक बिका। तीन साल के इक़रारनामे के साथ बयनामा हुआ। सात के भाव से कुल सत्तर हज़ार रुपए मिले। बदरु चुपचाप कचहरी गए और अँगूठा लगाकर वापस लौटे। इस बार उनके चेहरे पर कोई भाव नहीं था। भीतर का दुःख भीतर ही रहा। मोथा दूब की जड़ों की तरह धरती के बहुत भीतर जाकर गाँठ बाँधे पलता रहा।

मेहँदी गोदान एक्सप्रेस में सवार होकर बम्बई चले गए। चार महीनों तक बम्बई में डेरा डाले रहे। फिर एक दिन कुवैत के लिए उड़ गए। वह दस हज़ार रुपए अपनी औरत की हथेली पर रख गए थे। पाँच घर का ख़र्च और पाँच, ख़ुदा न करे, अब्बू को कुछ हो जाए तो...।

मेहँदी ने कुवैत पहुँचने के बाद राज़ी-ख़ुशी का ख़त भेजा। दूसरे महीने दस हज़ार का ड्राफ़्ट। बदरु के नाम हसनपुरा डाकघर में खुले पुराने खाते में ड्राफ़्ट जमा हुआ।

दिन बहुर ही रहे थे कि वक़्त ने फिर करवट ले ली। अरब में लड़ाई छिड़ गई। पहले का ज़माना होता, तो मेहँदी के लौटने पर पता चलता कि कैसे हुई लड़ाई! पर इस पंख लगे ज़माने का क्या कहना! उधर लड़ाई शुरू हुई और इधर गाँव के कई घरों के आँगन में बमों की बरसात शुरू हो गई। बम वहाँ गिरते और फूटते यहाँ के घरों में। रात-बिरात रोने-कलपने की आवाज़ें उठतीं और छा जातीं गाँव-जवार के दिक्-दिगन्त् पर। दुआ के लिए उठे हुए हाथ थरथराते?...आँखों में आँसू उमड़ते...कलेजे में हूक उठती...और अनाज का कौर गले में अटक जाता। नींद का कहीं अता-पता नहीं था।

कुछ घरों में ख़त आए। कुछ लोगों ने लिखा, राज़ी-ख़ुशी हैं। कुछ ने लिखा, जल्दी ही लौटेंगे। कुछ ने लिखा था, लड़ाई को लेकर फ़िक्रमंद होने की ज़रूरत नहीं। मेहँदी ने लिखा—'यहाँ तो लड़ाई के बारे में सोचने के लिए फ़ुर्सत ही नहीं है। बहुत मेहनत का काम है। अब्बू, तुम अपना ख़याल रखना। गाय का दूध बेचना नहीं। पीना। बच्चों पर नज़र रखना। देखना, कहीं स्कूल जाना बंद न कर दें।'

लड़ाई बंद हो गई। जो लोग लड़ाईवाले मुल्क में फँसे थे, वे लौटे और उनके घरों में जश्न मनाया गया। मिलाद की मजलिसें बैठीं। अलीमुद्दीन चार सालों बाद लौटे थे। लड़ाईवाले मुल्क में ही थे। उन्हीं के घर मिलाद की मजलिस थी। बदरु वहीं से लौटकर हाथ-पाँव धो रहे थे कि चकाचौंध करती रोशनी का पुंज उनके दरवाज़े पर आकर ठिठक गया। एक मारुति वैन और एक जीप में सवार लोग उतरे। महमूदपुर वाले मेहमान थे। बसीरत के मियाँ। बसीरत के जेठ का बेटा और महमूदपुर के कई लोग साथ थे।

एकाएक! इतनी रात को...बिना किसी ख़त-ख़बर के इतने लोग! बात क्या है? चौंके बदरु। सब चुप थे। चुप क्यों हैं सारे लोग? बदरु के मन पर आशंकाओं ने दस्तक दी।

मेहँदी की औरत बच्चों को सुला रही थी कि दरवाज़े की हलचल सुनकर दौड़ी। अँधेरे को चीरती जीप की हेडलाइट की रोशनी दरवाज़े के पल्लों पर अँटकी हुई थी। दरवाज़े के पल्ले खुले और रोशनी में नहा उठी मेहँदी की औरत। उसकी नाक की कील चमकी। इतने सारे लोगों को एक साथ अपने घर के सामने देखकर वह भौंचक थी। पल भर में चुप्पी पर से जब पर्दा उठा, तो उसकी दुनिया ही बदल गई।

बसीरत भी साथ आई थीं। रोती हुई बसीरत भाई की लाश के साथ उतरीं। वैन में लकड़ी के बक्से में मेहँदी की लाश थी। ज़मीन के नीचे...बहुत नीचे किसी ज़हरीली गैस वाले पाइप का रिसाव कसते हुए एक हादसे में मेहँदी की मौत हो गई थी।

इस हादसे की ख़बर पहले बम्बई पहुँची, बसीरत के जेठ के बेटे के पास। कम्पनी ने मेहँदी की लाश उसके पते पर भिजवा दी। वह बम्बई से लाश के साथ आया था। उसने यह ख़बर अपने चाचा और बसीरत चाची को पहले दी। बदरु को जान-बूझकर यह ख़बर पहले नहीं दी गई। वह लाश के साथ पटना पहुँचा। बसीरत अपने पति के साथ लाश लेने पटना पहुँचीं। उनकी ससुराल के लोग भी साथ थे।

सारा गाँव-जवार उमड़ पड़ा। रात की सियाही में पसरी अजीब सी हलचल को मेहँदी की औरत के विलाप-स्वर मथ रहे थे। उसका विलाप-स्वर लोगों के कलेजे में घुसता और धमनियों को निचोड़ता हुआ दिमाग़ को सुन्न कर देता। हवा ग़ायब थी। पेड़ों की फुनगियों-पत्तों-डालों से सरककर कोटरों में जाकर छिप गई थी हवा।

जीप की हेडलाइट बुझ गई थी। धुआँते लालटेनों की पीली रोशनी के

बालिश्त भर ऊँचे ढूह रात की सियाही से जूझ रहे थे। वक़्त के पाँव मौत की रची ख़ला में फँसे हुए थे। लिथड़-लिथड़कर चल रहा था वक़्त। काटे नहीं कट रहा था। गाँव की गलियों में रात भर भूँकते रहनेवाले कुत्तों के झुंड दुबके हुए थे। दरवाज़े पर बँधी गाय ने पहले तो जीप के हेडलाइट की रोशनी में पगहा तोड़कर भागने की कोशिश की...फिर मेहँदी की औरत के विलाप-स्वर से स्वर मिलाकर कुछ देर तक हँकरती रही, और फिर भादों की बरसात में गिरती हुई दीवार की तरह बैठ गई। रोते-रोते बेहोश होकर बसीरत की गोद में पड़ी थी मेहँदी की औरत।

बहते-बहते बसीरत के आँसू भी सूखने लगे थे। बसीरत अपने नसीब को कोस रही थी कि ऐसी सौग़ात लेकर उन्हें मायके आना पड़ा। मेहँदी के बिलखते हुए बच्चे अपनी अम्मी से लिपटे हुए थे। बदरु चुप थे। एकदम चुप। सिर्फ़ उनकी रीढ़ चनक रही थी। बिजली की कौंध की तरह दर्द उठता और नख से शिख तक पसर जाता। वह ओसारे में ताख पर रखी ढीबरी की लौ को निहार रहे थे। किसी उलझे हुए सपने की तरह पलकों पर टँगकर फड़फड़ाता हुआ मेहँदी का चेहरा मन के रास्ते घुसता और ढीबरी की लौ पर जाकर बैठ जाता।

सुबह फ़ातिहा हुआ। जनाज़ा निकला। अपनी अम्मी की रौज़ा के पास ही दफ़्न हुए मेहँदी।

महमूदपुर से आए लोग चले गए। सिर्फ़ बसीरत रुक गई। मेहँदी की औरत और अपने अब्बू की देखभाल के लिए उनका रुकना ज़रूरी था।

बदरु अपने दरवाज़े पर सहन में खाट डाले पड़े थे। निहार रहे थे आसमान और आसमान में बहते बादलों को...बादलों की नदी में तैरते चाँद के टुकड़े को।...नहीं, चाँद नहीं। बादलों की नदी में मेहँदी तैर रहे थे। आषाढ़ बीत चुका था। सावन का दूसरा पखवाड़ा चल रहा था और बारिश का इंतज़ार भी। बादलों के बीच तैरते हुए मेहँदी को बहुत देर तक निहारते रहे बदरु। उन्होंने सोचा, अगर ये बादल बरसें, और बचा हुआ दस कट्ठे का एकलौता खेत पानी से भर जाए, तो बिना मेहँदी के कैसे रोपेंगे वह धान के बीचड़े? कौन हल चलाकर कादो करेगा? बैल भी तो बिक चुके हैं। मेहँदी को तो आना ही होगा। बिना मेहँदी के कैसे होगा सब कुछ?

रात का अंतिम पहर शुरू हुआ। बदरु उठे। अपने थरथराते पाँवों पर क़ाबू

किया। टटोलकर लाठी उठा ली और कोठरी में घुसे। कुश की चटाई को मोड़कर काँख में दाब लिया और निकल पड़े।

रास्ते में दाहा नदी का किनारा था। दाहा के मटमैले जल पर भी सियाही पसरी थी। बदरु हौले-हौले, पर सधे क़दमों से ढलान में उतरे। दाहा के जल तक पहुँचे। जल को पाँवों से थाहते हुए नदी के भीतर उतरे। हथेलियों से जल को हिलकोरा। वजू किया और चल पड़े उधर, जिधर उनकी ज़मीन का आख़िरी टुकड़ा था। फ़जर की नमाज़ का वक़्त हो चला था। बदरु अपने खेत के ठीक बीचोबीच पहुँचे। चारों ओर नज़रें उठाकर देखा। फिर बीच खेत में चटाई बिछाकर नमाज़ अदा करने लगे।

(हंस, अगस्त, 2006 में प्रकाशित।)

काबर झील का पाखी

मैं एक बार फिर असमंजस में हूँ कि अपनी बात कहाँ से शुरू करूँ! चाहता तो हूँ कि बात उससे यानी, पुनीत कुमार शर्मा से ही शुरू हो, पर उसके सिरे इतने उलझे हुए हैं कि बाद में सब कुछ उलझ जाने का ख़तरा है। पर कहीं न कहीं से तो शुरू करना ही होगा। मैं जानता हूँ कि मेरे चाहने न चाहने से कोई फ़र्क़ नहीं पड़ता। बात चाहे उससे शुरू हो, या सुनंदा से, या फिर उस पागल लड़की से, वह बीच में रहेगा ही। उसने ही सुनंदा से मेरा परिचय करवाया था।...और उसने ही मुझे यह ख़बर दी थी कि इन दिनों शहर में एक पागल लड़की आई हुई है, जो कहीं भी बीच सड़क पर नाचने लगती है।

अब देखिए, बात फिर वहीं आकर अटक गई न! सुनंदा या उस पागल लड़की से बात शुरू करते हुए पुनीत कुमार शर्मा की मौजूदगी को नकारना मुश्किल काम है। लगभग नामुमकिन। मैं उससे बचना चाह रहा हूँ, पर वह है कि पगली बयार की तरह दरवाज़े के पल्लों को ठेलता, खिड़कियों के काँच चटकाता घुस ही आता है। मैं बेहद मुश्किल पड़ाव पर हूँ। वह लोहे के भारी शहतीर की तरह मेरे पाँवों से लिपट गया है। लाख चाहकर भी मैं अपने पाँव घसीट नहीं पा रहा हूँ। यथार्थ और विभ्रम का विचित्र घालमेल पैदा करता है यह आदमी।

मैं उससे कुछ महीनों पहले पीछा छुड़ा चुका था। लगभग तीन महीने पहले वह ग़ायब हुआ था। आप सोचिए ज़रा...आप जिससे पीछा छुड़ा चुके हों...या जिसकी मौत की ख़बर...नहीं, मौत नहीं, आत्महत्या...नहीं-नहीं, बेहद चालाक़ और नृशंस हत्या की ख़बर पर विश्वास कर कई दिनों तक रोते-बिसूरते रहे हों...या जिसकी स्मृतियों की टीस लिये जी रहे हों, वह अचानक एक दिन प्रकट होकर आपके गले से लिपट जाए, तो आपकी क्या दशा होगी? चकित होना या भौंचक रह जाना जैसी क्रियाएँ क्या आपकी कैफ़ियत का बयान कर सकती हैं? हरगिज़ नहीं। बस, यही हाल है मेरा।

पुनीत कुमार शर्मा इस बार पहलेवाले रंग-रूप में नहीं है। कुछ महीनों में ऐसा

बदलाव मैंने पहले कभी नहीं देखा। अपनी वाचालता के विपरीत वह थोड़ा गम्भीर हुआ है। युवापन की चमक धूमिल तो नहीं हुई है, पर पहलेवाली चमक में जो लहर उठा करती थी...बस, वह लहर नहीं है। पहले वह कच्चे अमरूद की तरह था। दाँत गड़ाने पर कच-कच करता था। अब वह बात नहीं है। पहले वह घुटा हुआ दिखने की कोशिश करता, तो उसका भोलापन बाहर निकल आता, मानो धरती फोड़कर जल का कोई सोता निकल रहा हो।...और कभी-कभी बनावटी भोलापन दिखाने की कोशिश में वह अपनी चालाकियों से इस तरह बे-ख़बर हो जाता कि तुरंत पकड़ में आ जाता। इस बार वह काफ़ी बदला हुआ है। भीतर से वैसा ही भोला, पर ऊपर से घुटा हुआ। इस पुनीत कुमार शर्मा ने ऊपर से घुटा हुआ दिखने को अपना हथियार बना लिया है। हालाँकि भीतर का भोलापन ही उसकी असली ताक़त है। पहले वह छिपा लेने का दम्भ भरता था और अब छिपा लेने में माहिर हो चला है। पहले उसके आँसू छिपाए नहीं छिपते थे, पर इन दिनों वह इन्हें रोक लेने की कला सीख चुका है। हाँ, रोता तब भी था और आज भी रोता है। फिर भी, कुछ महीनों में इतना बदलाव काफ़ी है। मैंने तो किसी को इतने कम समय में, इतना बदलते नहीं देखा।

अब मैं बात पुनीत कुमार शर्मा से ही शुरू कर रहा हूँ। न सही सिलसिलेवार... टुकड़े-टुकड़े ही सही।...उस दिन वह कई दिनों बाद अचानक प्रकट हुआ था। मिलते ही मुझ पर टूट पड़ा—"कहाँ हैं आप? मैं बदहवास खोज रहा हूँ आपको। आप इस तरह छिपे रहेंगे...फिर तो मैं पागल हो जाऊँगा।"

"तुम पागल नहीं हो सकते। पागल होने के लिए बहुत कोमल मन चाहिए। हाँ, दूसरों को पागल ज़रूर बना सकते हो तुम," मैंने चिढ़ते हुए कहा।

"आपने मेरी खोज-ख़बर ली?"

"तू लड़ने आया है मुझसे?" मैं उसके साथ औपचारिक नहीं रह सका। उसने मुझे एक झटके में ही तोड़ दिया था।

"नहीं, लड़ने नहीं आया। लड़ते तो आप हैं।"

"मैं लड़ता हूँ?"

"आपको कुछ दिख नहीं रहा?" मेरे प्रश्न को टालते हुए उसने पूछा। वह बहुत हड़बड़ी में था। भीतर से भरा हुआ। सब कुछ उँड़ेल देने को आतुर। उसने फिर प्रश्न किया—"आपको वसंत नहीं दिख रहा मेरे भीतर?...हिरनी-सी चपल

आँखों का वसंत?...आपको मेरे भीतर कोई बदलाव नहीं दिख रहा है?...क्या मैं थोड़ा अलग नहीं दिख रहा हूँ?...कैसे देखते हैं आप?''

''तेरा माथा तो ठीक है?...क्या हुआ तुझे कि इस तरह बौराया हुआ फिर रहा है?''

पुनीत कुमार शर्मा के चेहरे का रंग बदल चुका था। इसके पहले कि मैं उसके भीतर वसंत ढूँढ़ सकूँ, उसके चेहरे की चमड़ी खिंचने लगी और नसों का उभार दिखने लगा। उसकी आँखों में करुणा और क्रोध का मिला-जुला भभका उठा और समूचे वातावरण पर छा गया। वह बहुत मुश्किल से बोल पा रहा था—''उन लोगों ने औरतों के स्तन काट लिये।...एक नहीं...कई-कई औरतों के स्तन।''

''किन लोगों ने?'' मैं लगभग चीख़ पड़ा।

''मालिकों ने।''

मैं कुछ समझ नहीं पा रहा था कि पुनीत कुमार शर्मा किन मालिकों की बात कर रहा है। मैंने पूछा—''तू साफ़-साफ़ बताता क्यों नहीं कि आख़िर हुआ क्या?''

''मैं उड़ीसा से आ रहा हूँ। वहाँ एक बड़ी कम्पनी को सरकार ने इन्वेस्ट्मेंट् के लिए बुलाया है। वह कम्पनी आदिवासी किसानों की ज़मीन जबरन अक्वायर कर रही है। यह सब वहाँ की सरकार की देखरेख में हो रहा है। आदिवासियों ने विरोध किया, तो उन्हें पीटा गया। उन्होंने उनकी औरतों के स्तन काट लिए।... मैंने देखा...अपने ही हाथों में अपने कटे हुए स्तनों के लोथ उठाकर बेहोश होती औरतों को।...मैंने देखा, अपनी कटी छातियों का घाव लिए कराहती-तड़पती औरतों को।...मैंने देखा...।'' वह रो रहा था। उसके रुँधे गले में शब्द अटक गए थे। अजीब-सी गों-गों करती हुई आवाज़ के साथ वह फफक उठा।

मैं अवाक्! 'काटो तो खून नहीं' वाली स्थिति में जड़ बना मैं उसे फफक-फफककर रोते हुए देखता रहा। धीरे-धीरे वह सामान्य हुआ। मैंने कहा—''तू यह बात-बात पर बिसूरने क्यों लगता है? पूरी दुनिया से रार ठाने फिरता है और जब देखो, रोते हुए मिलता है। लड़ने की क़ुव्वत नहीं, तो शेख़ी क्यों बघारता है?.. तेरा यूँ रोना मुझे अच्छा नहीं लगता।''

वह मुस्कुराया। मुस्कान फीकी थी। बेहद फीकी। मैंने सतर्क होते हुए पूछा—''मेरे ऊपर हँस रहा है?''

''नहीं, अपने-आप पर।...एक ही तो जगह है भाई साहब, जहाँ आकर रो सकता हूँ। अकेले में रोना मुझे अच्छा नहीं लगता। ऐसी जगह क्या रोना, जहाँ कोई चुप करानेवाला न हो! मुझे अकेले में रोते घिन आती है।...और आपके सिवा दूसरा कोई मिला नहीं, जो मुझ रोते को चुप करा सके। मैं जानता हूँ , दूसरे पीठ

पीछे हँसेंगे।...आप भी...''

''यह दफ़्तर है मेरा...एक बड़ा मीडिया हाउस। यहाँ रोएगा तो...''

''तो क्या मेरे रोने से ख़बर बन जाएगी?...नहीं भाई साहब, मुझ जैसों के रोने और हँसने से बहुत फ़र्क़ नहीं पड़ता। मेरे जैसे ढेरों लोग रोते फिर रहे हैं, पर...''

''तूने रिपोर्ट नहीं लिखी इस घटना पर?''

''रिपोर्ट ने ही तो मुझे नंगा कर दिया। जिस अख़बार ने मेरे फ़्रीलांसर होने के बावजूद मेरी पिछली रिपोर्ट को बाइलाइन बॉटम-लीड दिया, उसी अख़बार के संपादक के कहने पर मैं बाहर निकला था।''

''मैंने तो सुना था कि तू उस अख़बार में नौकरी करनेवाला है।''

''हाँ, सही सुना था आपने। वे चाहते थे कि मैं ज्वाइन कर लूँ।...पर मैंने कहा, मुझे घूमने दीजिए। घूम-घूमकर लिखता रहूँगा। मेरे ख़र्चे बहुत नहीं हैं, सो आने-जाने का सामान्य ख़र्च और ऊपर से रिपोर्ट के कुछ पैसे मिल जाएँ, तो काम करता रहूँगा। मैं बँधना नहीं चाहता था।''

''फिर?''

''फिर क्या! वही हुआ। रिपोर्ट किल कर दी उन लोगों ने। रिपोर्ट पढ़कर उन्होंने मालिकों के दिल्लीवाले दफ़्तर से सम्पर्क किया। अख़बार के मालिकों से उनका व्यावसायिक सम्बन्ध था। रिपोर्ट दबा दी गई। लोकल मीडिया को मालिकों ने पहले ही मैनेज कर लिया था।''

''तूने संपादक से पूछा नहीं?''

''क्या पूछता?...जाकर खूब खरी-खोंटी सुना आया। वह मोटू संपादक चुपचाप सुनता रहा...मुस्कुराता रहा।''

''और तेरे उस इष्टदेव का क्या हुआ? सलाहकार संपादक ने कुछ नहीं किया?''

''आप ठीक कहते थे। वह गिद्ध है। जीवित प्रतिभाओं का मांस नोचकर खानेवाला गिद्ध। उस बूढ़े सलाहकार संपादक ने तो मिलने तक से इनकार कर दिया। कल तक जो मेरी तारीफ़ों के पुल बाँधता था, उसने कहा–''अपन के पास अभी समय नहीं है। अपन आज क्रिकेट मैच देख रहे हैं। सचिन की बल्लेबाजी चल रही है। आपको मालूम है? सचिन बल्ले से कविता लिखते हैं...'' और फ़ोन रख दिया। उस समय मैंने आपको बहुत याद किया। आपकी बातें याद आ रही थीं कि यह बूढ़ा बड़ा फ़रेबी है...बिहार आकर राजनेताओं के तलुवे चाटता है कि राज्यसभा के लिए जुगाड़ हो जाए।''

"चल, बाहर चलकर चाय पीते हैं," कहते हुए मैं हँसा।

मेरे कमरे की खिड़की पर टँगे पर्दों की दरार से रोशनी की एक तीखी-गहरी लकीर उसके चेहरे पर पड़ रही थी। रोशनी की यह लकीर उसके चेहरे को दो भागों में बाँट रही थी। वह मुझे आधा मनुष्य और आधा किसी दूसरे लोक के प्राणी की तरह दिख रहा था। कुछ परिचित लग रहा था और कुछ अपरिचित। लगभग एक अँधेरी भूलभुलैया की तरह, जिसके भीतर मैं फँसा था और मेरी देह थरथरा रही थी। मैंने फिर कहा—"चल, बाहर चलें।"

हम सड़क किनारे थे। नीबूवाली चाय सुड़कते हुए वह चुप था। पता नहीं कुछ सोच रहा था या चाय के स्वाद में उलझा हुआ था! चाय ख़त्म हुई। मैंने पूछा—"अब क्या इरादा है?"

"हूँ अभी शहर में।...अभी तो वसंत चल रहा है।...फिर मिलता हूँ।"

"यह वसंत का क्या चक्कर है?"

"आप मुझे संदेह की नज़र से क्यों देखते हैं? वसंत, वसंत होता है।"

"सुनंदा कहाँ है इन दिनों?"

"मुझे नहीं पता।" वह चालाक बनने की कोशिश कर रहा था।

"तुझे सचमुच नहीं पता?" मैंने दबिश बढ़ा दी।

"आपको वसंत नहीं दिख रहा है...फिर सुनंदा के बारे में क्यों पूछ रहे हैं?... वह दिल्ली में है। आज उसका एसएमएस आया था।...चलता हूँ। अब अगले हफ़्ते भेंट होगी।"

वह मुझे चाय की दुकान पर छोड़कर तेज़ क़दमों से निकल गया। मैं बहुत देर तक उसकी पीठ निहारता रहा। नीली धारियोंवाले लम्बे कुर्ते से चिपकी मेरी आँखें बहुत दूर तक उसका पीछा करती रहीं। मुझे सुनंदा बेतरह याद आ रही थी।

वह सुनंदा के साथ जिस दिन मुझसे मिला था, वह फुहियोंवाली बारिश से भींगता हुआ एक दिन था। पुनीत और सुनंदा, दोनों भींगते हुए मिलने आए थे। उस दिन अलस्सुबह ही आसमान से झिर-झिर करती महीन बूँदें झरने लगी थीं। मैं भी उस दिन भींगता हुआ दफ़्तर पहुँचा था।

सुनंदा से मिलकर मुझे बहुत अच्छा लगा था। उसके साथ हुई बातचीत मुझे उत्फुल्ल कर गई थी। चटर-पटर बतियाती अंग्रेज़ीदाँ लड़कियों से वह बिलकुल अलग थी—सहज, मृदुभाषी और जिज्ञासाओं से भरी हुई। उसके पास ढेरों प्रश्न थे, पर हड़बड़ी नहीं थी। उसके प्रश्नों के साथ एक सिलसिला था। सुनंदा बेहद सादगी से अपने प्रश्न रखती और इत्मीनान के साथ जवाब सुनती। जवाब से पैदा

हुए प्रश्नों को विनम्रता के साथ उठाती, मानो भीड़ में हौले से अपने लिए राह बना रही हो। उसके जाने के बाद मैं उसके बारे में सोचता रहा। वह अशांत क्षेत्रों के संस्कृतिकर्म पर शोध कर रही थी और इसी सिलसिले में दिल्ली से पटना आई थी। पुनीत उसे साथ लेकर बिहार के उन इलाक़ों की यात्रा पर निकलनेवाला था, जिन्हें कुख्यात माना जाता है। मुझसे विदा होते हुए पुनीत ने कहा—''भाई साहब, एक हफ़्ते तक मध्य बिहार के इलाक़ों में घूमना है। मैंने सोचा, इस महान यात्रा पर निकलने से पहले कुछ विद्वानों-मठाधीशों से इसकी मुठभेड़ करवा दूँ।''

''तू मुझे मठाधीश समझता है?'' मैंने पूछा।

''नहीं-नहीं।...विद्वान भी तो कहा मैंने।'' वह हँस रहा था। उसकी वाचालता उफान पर थी।

''तू व्यंग्य कर रहा है। पिटेगा मेरे हाथों।'' मेरे स्वर में बनावटी नाराज़गी का पुट था।

''पिटने से पहले निकल जाना बेहतर होगा। लौटकर मिलता हूँ भाई साहब।''

वह निकल गया था। जाते हुए उसका चेहरा खिला हुआ था और पाँव ख़रगोश की तरह फुदक रहे थे। सुनंदा के होंठों पर मुस्कान थी। उसकी सादगी में आकर्षण था। एक आत्मीय आकर्षण। उसकी बड़ी-बड़ी आँखों में और ताम्बई रंग के लम्बोतरे चेहरे पर प्रशांति थी। मैं उस क्षण अचानक चिंतित हो उठा था कि कठिनाइयों से भरी उसकी यह यात्रा कैसे पार लगेगी! इन दिनों मध्य बिहार में कुछ ज़्यादा ही हलचल थी। कई नए समीकरण बन रहे थे। विस्फोटक सुरंगों के जाल में उलझकर भारी संख्या में पुलिसवाले मारे जा रहे थे। उन्होंने पुलिस को पीछे हटने पर मजबूर कर दिया था और वे अपनी समानांतर सत्ता चला रहे थे।

फाल्गुन के कृष्ण-पक्ष की काली रातें बेहद असहज कट रही हैं।

पिछले कुछ दिनों से पुनीत कुमार शर्मा मेरे भीतर तेज़ हवा, बादलों के गर्जन-तर्जन, बिजली की कौंध और बारिश की मोटी बूँदोंवाली तेज़ बौछारों की तरह उपस्थित है। अभी-अभी वह मेरी आँखों में था...मेरी नींद में था...मेरे सपनों में था। वह मेरे भीतर एक प्रवाह की तरह है। ज्वार की तरह उमड़ रहा है।... अभी-अभी मैंने उसे देखा है दूर तक फैले काबर झील के शांत और कज्जल जल की सतह पर हंस की तरह तैरते हुए। वह आगे-आगे था और पीछे थी गुलाबी

गरदन वाले नन्हे-नन्हे हंसों की सफ़ेद पाँत।...काबर में खिले कमल...काबर के जल पर तैरते पुरइन-पात...पुरइन-पात पर मोती की तरह नाचती जल-बूँदें...काबर के ऊपर उड़ान भरते और छिन भर के लिए पुरइन-पात पर बैठ जल में अपनी छवि निहारते साइबेरियन पंछियों के झुंड को मैंने अभी-अभी देखा है।...मैंने देखा... अचानक काबर की जल-सतह नीचे होने लगी।...देखते-देखते पल भर में सूख गई झील।...फिर दूर तक फैली झील की धरती में भर गई आँधी।...पागल हवा के झोंकों से धूल के बगूले उड़ने लगे।...मैंने उसे देखा काबर झील की सूखी धरती पर पंख फड़फड़ाकर लोटते हुए...तड़पते हुए।...वह अचानक उठा और अपने हाथों में अपने पंख लिये इधर-उधर भागने लगा। उसके पंख छोटे आकार के चार पन्नों वाले अख़बार में बदल गए। काबर को बचाने की गुहार लगाते, बदहवास भागते पुनीत के पीछे कोई नहीं था।...सिर्फ़ आँधी थी—धूल भरी आँधी।

मैं ऐसे सपनों से परेशान हूँ और पुनीत कुमार शर्मा का कोई अता-पता नहीं है।...ठीक यहीं से उसका स्थायी पता ग़ायब हुआ। उसके पिता ने दो-टूक जवाब दे दिया—"चूतड़ टिकाकर घर पर रहो और खेती-किसानी का काम देखो। अगर पार नहीं लगता, तो नौकरी-चाकरी करो।...इसमें भी मन न लगे, तो ठेकेदारी करो। कुछ भी करने का दम नहीं है, तो दुआर पर बैठो। हम सारा खरच-बरच उठाने को तैयार हैं।...पर लम्पटई बंद करो। सारा गाँव पगलवा कहता है तुमको।"

पुनीत कुमार शर्मा ने पिता से बिना संवाद किए घर छोड़ दिया...गाँव छोड़ दिया। जिन दोस्तों के बल पर चारपेजी अख़बार छप रहा था, वे भी अदृश्य हो गए। कुल चार लोग थे। एक की शादी हो गई। दूसरा चुनाव लड़कर ज़िला परिषद् का सदस्य बन गया। तीसरे को उसके पट्टीदारों ने आपसी रंजिश के कारण हत्या के झूठे मामले में फँसा दिया और वह जेल चला गया। पुनीत कुमार शर्मा ने प्रदेश की राजधानी में प्रवेश किया।

सोलहपेजी अख़बारों में गज़ भर लम्बे-लम्बे लेख लिखकर पुनीत कुमार शर्मा काबर झील को बचाने की मुहिम में शामिल रहा। काबर से शुरू हुई उसकी यात्रा की मंज़िल तो मुझे नहीं मालूम, पर राहें कई दिखतीं। कभी वह गुजरात में दिखता, तो कभी मध्यप्रदेश में। कभी मेधा के साथ-साथ चलते जुलूस में उसकी एक झलक दिख जाती, तो कभी किसी अख़बार के पन्ने पर छपा होता—उत्तरांचल के पहाड़ों से लौटकर पुनीत कुमार शर्मा। वह पंछियों की तरह उड़कर जहानाबाद जेल की मुँडेर पर जा बैठता और जेल-ब्रेक के बाद की सुबह की अफ़रा-तफ़री को अपनी डायरी में दर्ज़ करता हुआ दिखता। पटना की सड़कों पर भटकते हुए या

कालिदास रंगालय में नाटक देखते हुए वह अक्सर लोगों को मिल जाया करता।

इन दिनों वह सपनों में अपनी धमाचौकड़ी से मुझे परेशान किए हुए है।...मैंने थोड़ी देर पहले काबर झील की सूखी हुई धरती पर मुसहर टोली को बसते हुए देखा है।...जिन नन्हे-नन्हे हंसों को पाँत बनाकर तैरते हुए देखा था, उन्हें मुसहरों के बच्चों और सूअर के छौनों में बदलते हुए देखा है मैंने। वह मुसहर टोली की झुग्गियों के सामने बैठकर किसी कनफटे साधु की तरह धूनी रमाए हुए दिखा। उसकी छोटी-काली दाढ़ी और घने बाल अचानक बढ़ने लगे और तेज़ हवा में फहराने लगे,...फिर जटा-जूट में बदलकर नागों की तरह डोलने लगे। वह निरगुन गा रहा था—'साधो, गगन घटा घहरानी...आपन-आपन मेंड़ सम्हारो...बह्यौ जात है पानी।'...पानी कहीं नहीं था, पर उसका स्वर ऊँचा होता गया।... ऊँचा...और ऊँचा...और फिर उभर आई जल से भरी काबर झील। इस बार झील में हंसों की पाँत नहीं थी।...न कमल के फूल थे और न पुरइन-पात। जल खौल रहा था। अचानक बह उठी काबर झील। हहास बाँधकर बहने लगा पानी। वह मुझे दौड़ता हुआ दिखा। पागलों की तरह इस बस्ती से उस बस्ती भागता हुआ दिखा। वह चीख़ रहा था—'अरे कोई तो सम्हारो मेंड़...कोई तो रोको बहते जल को...।'

मैं इन दिनों जितना अपने सपनों से परेशान हूँ, इससे कई गुना ज़्यादा वह उन दिनों परेशान था। अपनी माँ की बीमारी की ख़बर सुनकर वह अपने गाँव गया था। बेटे की हाज़िरी ने रामबाण दवा की तरह काम किया। मरणशैया पर पड़ी माँ जी उठी। उन दिनों पूरे इलाक़े में सूखा पड़ा था। धनखर में आग लगी थी। बीच खेत में खड़ी धान की फ़सल सूख गई। हाहाकार मचा था। गाँव से बाहर झुग्गियाँ डाले बँधुआ मुसहरों के घरों में सबसे पहले मौत का तांडव शुरू हुआ। कभी कोई बच्चा मरता, तो कभी कोई बूढ़ा। मालिकों ने अपने हाथ समेट लिए। पुनीत कुमार शर्मा के पाँव में फिर नए प्रेत ने बसेरा डाला। वह कलक्टर से लेकर बीडीओ तक के दफ़्तरों के चक्कर काटने लगा। प्रदेश की राजधानी के अख़बारों में भूख से बिलबिलाकर मरते मुसहरों की ज़िन्दगी पर उसकी रिपोर्ट छपी, तो प्रशासन के कान खड़े हो गए। कौन है यह पुनीत कुमार शर्मा? इसे कैसे पता चला कि 'काम के लिए अनाज' मद की सारी राशि डकार गए सरकारी लोग? सारे डिटेल्स कैसे मालूम किया इसने? सूखा पीडितों को दी जाने वाली मदद के ग़बन की ख़बर इसे कैसे मिली? कलक्टर और ज़िला परिषद् के अध्यक्ष ने अपने-अपने मातहतों को बुलाया। बीडीओ और मुखिया की साख दाँव पर थी। मुखिया ने अपने छोटे चचेरे भाई पुनीत कुमार शर्मा से पूछताछ की।

पुनीत कुमार शर्मा ने गाँव छोड़ने से इनकार कर दिया। दूसरे दिन वह ब्लॉक

ऑफिस के गेट पर धरना दे रहा था। मरणशैया से उठी माँ ने दूध का हवाला दिया। पिता ने अपनी पगड़ी बेटे के पाँव पर रख दी। पट्टीदारों ने कहा–"अगर गाँव नहीं छोड़ेगा, गोली से मारा जाएगा।"

उसने सबकी सुन ली और डटा रहा। और फिर एक रात 'न रहेगा बाँस और न बजेगी बाँसुरी' वाली कहावत की तर्ज़ पर मुसहरों की रूई की तरह ऐसी धुनाई हुई विभोर की किरन फूटने से पहले वे लुप्त हो गए। पुनीत कुमार शर्मा को थानेदार ले गया। इलाक़े की आबोहवा बिगाड़ने के जुर्म में उसे अंदर करते हुए पुलिस दुविधा में थी कि डायरी में क्या दर्ज़ किया जाए! मुसहरों को भड़काने वाला नक्सलवादी या गाँव से मुसहरों को उजाड़ने वाला रणवीर सेना का कार्यकर्ता! पुलिस ने डायरी में गोलमोल बातें दर्ज़ कीं, जिसका कोई अर्थ निकाल पाना कठिन था। पुलिस डायरी में दर्ज़ इसी दुविधा का लाभ उठाकर उसके पिता ने ज़मानत की अर्ज़ी दाख़िल की। लगभग एक माह बाद वह ज़मानत पर बाहर निकला। मुखिया उसका ज़मानतदार था। ज़िला और सत्र न्यायालय के परिसर में उसके पिता ने कहा–"मैं समझ लूँगा कि मैंने बेटा पैदा ही नहीं किया।...फिर मुँह मत दिखाना।"

मुखिया ने कहा–"छोटा भाई है तू। चचेरा ही सही, पर भाई तो है। अपने ही भाई की हत्या का पाप क्यों करवाना चाहता है मुझसे?...जा, चला जा। केस-मुक़दमा मैं देख लूँगा।...मति फिर गई है तेरी।...अपने घर-परिवार, कुल-ख़ानदान का बनकर रहना हो, तो आ जाना। छाती पर बैठाकर सारा गाँव रखेगा।"

पुनीत कुमार शर्मा चुपचाप लौट आया। मुझे नहीं मालूम कि इसके बाद वह गाँव गया था या नहीं! मुझे यह भी नहीं मालूम कि उसकी बीमार माँ का क्या हाल है!

जिन दिनों पुनीत कुमार शर्मा ने कहा था कि वह वसंत जी रहा है, उन दिनों की बात है। वह अजीब मनःस्थिति में था। उड़ीसा वाली घटना ने उसे हिलाकर रख दिया था और दूसरी तरफ़ उसके जीवन में नया-नया और शायद पहली बार आया हुआ वसंत था।

तीन-चार दिनों बाद वह फिर प्रकट हुआ था। उसका चेहरा उबड़-खाबड़ लग रहा था। आँखें कुछ-कुछ लाल...उनींदी...थकी हुईं। डूबती हुई मरियल सी आवाज़। वह अटक-अटककर बोल रहा था। शब्द टूट रहे थे। बहुत ज़ोर लगाने

पर जैसे बाहर आ रहे हों शब्द। लग रहा था, मानो विस्मृति का शिकार हो गया हो। मैंने पूछा—"क्या हुआ तुझे? बीमार-बीमार सा लग रहा है!"

"नहीं तो। ठीक हूँ।"

"मुझे तो ठीक नहीं लग रहा। कहीं कोई गड़बड़ ज़रूर है। तेरी आँखें बता रही हैं कि..."

"क्या बता रही हैं मेरी आँखें?" वह थोड़ा सतर्क हुआ।

"यही कि तू सोया नहीं है कई दिनों से। यह कैसा वसंत है, जिसने तेरी नींद चुरा ली है?"

एक फीकी मुस्कान पल भर के लिए उसके चेहरे पर आई और सारंगी के तारों पर गज की रगड़ से उपजते किसी करुण-स्वर की तरह मेरे कलेजे को तीक्ष्णता से काटती हुई लुप्त हो गई। वह बुदबुदाया—"वसंत...वसंत...।"

"भूख लगी है?" मैंने बात बदलने की कोशिश की।

"नहीं, खाकर आया हूँ।"

"क्या खाया?"

"वही, साग-पात। आप तो जानते हैं, मैं वेजिटेरियन हूँ।"

"इसीलिए इतना कमज़ोर है तू। मांस-मछली खाया कर।"

"सोचा था कि एक दिन मांस खाकर देखूँगा...पर अब नहीं खा सकता।... जब से कटे हुए स्तनों को मांस के लोथड़ों में बदलते देखा है..." उसकी आवाज़ डूब गई थी।

"क्या हो गया तुझे?" मैं बेचैन हो उठा था।

" मेरी आँखों के सामने हरदम मांस के लोथड़े घूमते रहते हैं।...मैं भूल नहीं पा रहा हूँ।...उन्होंने खून में बदल दिया—दूध के ख़ज़ाने को खून में बदल दिया।...ऐसी हिंसा...।" फिर उसकी आवाज़ टूटी। वह चुप हो गया। उसकी आँखें खुली हुई थीं—एकटक खिड़की के पार निहारती हुई। वह मेरे कमरे में होते हुए भी वहाँ नहीं था।

मैंने पूछा—"सुनंदा से मिला?"

"आपको बताया था, वह पटना में नहीं है।...दिल्ली में है। उसने एसएमएस किया था। पूछा था कि क्या हम लोग किसी भावनात्मक सम्बन्ध में बँधते जा रहे हैं?"

"तुमने क्या कहा?"

"शायद...हाँ। 'शायद' ही जवाब दिया था मैंने। फिर उसने जानना चाहा कि क्या मैं वसंत जी रहा हूँ? उसने सलाह भी दी कि वह वसंत जी रही है और मुझे

भी वसंत जीना चाहिए।''

वह चुप हुआ, और फिर अचानक जैसे अपने भीतर की तमाम ऊर्जा समेट ली हो उसने, तनकर बैठ गया और एक साथ कई प्रश्न पूछ डाले—''अच्छा, आप बताइए...क्या वह जो वसंत जी रही है, उसमें मेरा भी कुछ अंश शामिल है?... क्या हर कोई अपने-अपने लिए ही वसंत जीता है?...दूसरों के लिए वसंत जी पाना क्या संभव नहीं है?''

उसने प्रश्नों की बौछार कर दी थी। मैं चुप था। इसके पहले कि मैं कुछ सोचूँ या बोलूँ, उसने कहा—''छोड़िए आप।...यह मेरा वसंत है। मुझे ही ढूँढ़ने दीजिए अपने प्रश्नों के उत्तर।...चाय नहीं मिलेगी?''

फिर हम दोनों ने चाय पी थी। चाय पीते हुए वह चुपचाप रहा। चाय ख़त्म कर तुरंत निकल गया। मैं उसके साथ बाहर निकलना चाह रहा था, पर उसने मना कर दिया।

जाते हुए वह कुछ बदला हुआ लगा। जब आया था, बेहद थका हुआ दिख रहा था। पर जाते हुए उसके क़दमों में ग़ज़ब की क्षिप्रता थी।

इसी जाने के बाद पुनीत कुमार शर्मा लम्बे समय के लिए...लगभग तीन महीनों के लिए ग़ायब हो गया था। उसके बारे में तरह-तरह की ख़बरें आती रहीं। किसी ने कहा—'सुनंदा के प्यार में पागल हो गया है।' किसी का मानना था—'नहीं, सुनंदा की मित्रता को प्यार समझ लिया और जब सुनंदा ने ऐसे किसी रिश्ते से इनकार किया, तो उसने आत्महत्या कर ली।' कुछ लोगों ने इस बात का विरोध करते हुए कहा—'नहीं। उसकी हत्या हुई है। वह अपने गाँव गया था। उसके चचेरे भाई ने, जो मुखिया है, उसकी हत्या करवा दी।' एक और ख़बर आई। कोई कहता फिर रहा था—'नहीं, बात दूसरी है।...बिलकुल अलग। वह माओवादियों के आन्दोलन पर रिपोर्ट लिखने के लिए नेपाल गया था। भारत सरकार का भेदिया मानकर माओवादियों ने उसे गोलियों से भून डाला।'

इन तमाम ख़बरों के बीच एक बात पर लगभग आम सहमति थी कि पुनीत कुमार शर्मा अब जीवित नहीं है और अब वह क़िस्सों-कहानियों का पात्र बन चुका है। न चाहते हुए मैंने भी इसे स्वीकार कर लिया था। मैंने सोचा भी नहीं था कि वह इस तरह एक दिन धरती की कोख फाड़कर बाहर निकल आएगा।

तमाम अटकलों को या सच में तब्दील हो चुके झूठ को झूठ साबित करते हुए पुनीत कुमार शर्मा जब लौटा, तो उसके जलवे थे। पहले वह एक राष्ट्रीय दैनिक के मुखपृष्ठ पर दिखा—'आंध्रप्रदेश के जंगलों से लौटकर आए पुनीत कुमार शर्मा'। फिर लगातार एक सप्ताह तक दिखता रहा। कुल सात किस्तों में

घने जंगलों में चल रही नक्सल गतिविधियों पर उसकी रिपोर्ट छपी। दोतरफा ख़तरों के बावजूद वह जंगल में घुसा था और घुसकर ख़बरें ले आया था।

जिस दिन वह शहर में प्रकट हुआ, उसकी रिपोर्ट की आख़िरी किस्त अख़बार में थी। वह मुझसे दोपहर में मिलने पहुँचा। मैं मन ही मन उसकी बाट जोह रहा था। मिलते ही वह मुझसे लिपट गया। मैंने कहा—''बधाई हो। तुमने लाजवाब काम किया है। आज की किस्त तो ज़ोरदार है। तेरी रिपोर्ट एकतरफा होने लगी थी, पर आज तूने उनके कन्ट्राडिक्शंस को सामने रखकर बड़ा काम किया है। यही है पत्रकारिता का विवेक।''

मैं उत्साह में था। वह मेरी मेज़ के सामने बैठा था। मैं उससे सब कुछ जान लेना चाहता था। मेरे पास ढेरों सवाल थे। मैं कुछ पूछना ही चाह रहा था कि उसने कहा—''एक मुसीबत में हूँ।''

''क्या हुआ?''

''क्या आपको मालूम है कि इस शहर में एक पागल लड़की आई हुई है, जो किसी चौराहे पर या सड़क किनारे नाचने लगती है?...उसे नाचते हुए देखकर लगता है कि उसने ब-क़ायदा शास्त्रीय नृत्य की ट्रेनिंग ली है। वह खूबसूरत भी है।...आपको मालूम है?'' मुझसे सवाल करते हुए उसके चेहरे पर आकुलता की छाप स्पष्ट थी।

''नहीं, मुझे नहीं मालूम।...तू आदमी है या प्रेत?'' मैं थोड़ा खीज उठा था।

''आज सुबह स्टेशन पर उतरा, तो उसे देखा। स्टेशन के सामनेवाली सड़क पर वह नाच रही थी। भीड़ लगी थी। सुबह होने के बावजूद काफ़ी लोग जुटे हुए थे। ट्रैफिक पुलिसवाले परेशान थे। बड़ी मुश्किल से उसे हटाया जा सका।'' वह गम्भीर था।

''अभी कहाँ होगी?'' मैंने जानना चाहा।

''कहीं भी हो सकती है। छोटा-सा तो शहर है, ढूँढ़ने पर मिल जाएगी।...मैं उसी सिलसिले में आया हूँ।''

''मैं समझा नहीं?''

''समझना क्या है...पहले आप उसे ढूँढ़ लें...देख लें...क्योंकि बिना उसे देखे यह समझना मुश्किल है कि उसे बचाया जाना क्यों और कितना ज़रूरी है।''

''मैं कहाँ ढूँढ़ता फिरूँ उसे?''

''मैंने कहा तो कि कहीं न कहीं मिल जाएगी। मैं उसे गाँधी मैदान थाना तक पहुँचा आया हूँ। पुलिसवाले तो मुझे ही अंदर करने पर उतारू थे। एक हवलदार तो मुझे गालियाँ देने लगा।''

“तूने ये क्या किया? पुलिस उसकी हिफ़ाजत करेगी भला?...वे लोग तो...”

“आप सही कह रहे हैं। एक आदिवासी महिला दारोगा ने उसका जिम्मा लिया है। मैं उसे जानता हूँ।...वह मेरे दोस्त की बहन है।...मैंने कई एनजीओ चलानेवालों से बात की, पर कोई मदद को तैयार नहीं है। पहले उसके लिए एक सुरक्षित आश्रय चाहिए।...कम से कम दो-तीन दिनों के लिए। फिर इलाज़...।”

“इतना आसान नहीं है यह काम। पागल को कौन रखेगा—बोल? जिसे उसके घरवाले नहीं रख सके, उसे...।”

“जो भी हो।...कुछ तो करना होगा। अभी मैं निकलता हूँ। इसी सिलसिले में एक आदमी से मिलना है।”

वह निकल गया। इतने दिनों बाद आया और बेचैन कर देनेवाली ख़बर और चिंता सौंपकर चला गया। मैं दफ्तर से बाहर निकला, तो वह पागल लड़की मुझे बिना किसी अतिरिक्त प्रयास के दिख गई।

जय प्रकाश नारायण की मूर्ति के सामने भीड़ जमा थी। वह नाच रही थी। उसकी मुद्राएँ और भंगिमाएँ बता रही थीं कि उसने कथक नृत्य का प्रशिक्षण लिया था। उसके कपड़े अब फटने लगे थे। गोरी चमड़ी मैल से चीकट होने लगी थी। कभी जिन्हें वह सहेजकर गूँथा करती होगी, वे केश उलझकर जटा-जूट बनने लगे थे। कोटरों में धँसी हुई आँखों की चपलता इस बात की गवाही दे रही थी कि यह लड़की जब मंच पर उतरती होगी, इसके पाँवों की गति से होड़ लेने में समय अपने को असमर्थ पाता होगा।...क्रांति का आह्वान करते जय प्रकाश नारायण की विशिष्ट मुद्रा में बनी मूर्ति की ऊपर उठी अँगुली पर बैठकर एक पंछी उसका नृत्य देख रहा था। जैसे ही भीड़ बढ़ी, पुलिस ने मजमा तोड़ दिया। वह महिला दारोगा अपने डंडे से उसे हाँकती हुई लेकर दूसरी तरफ़ चली गई।

पुनीत कुमार शर्मा आज रात की बस से उस लड़की को साथ लेकर राँची जा रहा है। उसके साथ उसके दोस्त की बहन यानी वह महिला दारोगा भी जा रही है। वह राँची के मेंटल हॉस्पिटल में दाख़िले की व्यवस्था में जुटा हुआ है। मेरे पास से अभी-अभी गया है। पता नहीं, वहाँ जाकर क्या करेगा! कैसे सँभालेगा सब कुछ? आज सुबह उसने उस लड़की का चेक-अप करवाया था। वह गर्भवती है। कह रहा था कि अब एक नहीं, दो-दो ज़िन्दगियों का सवाल है।...पागल है पुनीत कुमार शर्मा।...मैंने सुनंदा के बारे में जानना चाहा, तो मुस्कुराकर रह गया। उसकी

मुस्कान सामान्य नहीं थी। व्यंग्य की तीखी धार वाली मुस्कान थी। मैंने पहले ही कहा था कि मैं अपनी बात पुनीत कुमार शर्मा से नहीं शुरू करना चाहता। मैं तो उसके और सुनंदा के बीच बनते रिश्ते के बारे में आपको बताना चाहता था। उसने सबकुछ उलझाकर रख दिया न! अगर वह इस ज़िद पर अड़ गया कि उस लड़की का गर्भ नहीं गिराया जाएगा, तो...तो क्या होगा?

(परिकथा, जुलाई-अगस्त, 2006 में प्रकाशित।)

कुसुम कथा

मैं लगभग पच्चीस वर्षों बाद अपनी जन्मभूमि पर लौटी हूँ। आना तो वह भी चाहते थे, पर उन्हें फ़ुर्सत नहीं मिली। व्यवसाय की अपनी व्यस्तताएँ होती हैं—मकड़जाल की तरह फैली हुई। भाग-दौड़, लेन-देन, हिसाब-क़िताब आदि तरह-तरह के काम-काज से बुना हुआ मकड़जाल। मैं तो आज तक इस रहस्य को समझ ही नहीं सकी कि वह कैसे इस मकड़जाल के एक-एक धागे को पहचानते हैं! हर धागे की शुरुआत से लेकर आख़िरी सिरे तक पर उनकी नज़र होती है। मज़ाल है कि कोई सिरा एक-दूसरे से उलझ जाए और फिर सुलझे नहीं! हर हाल में चीज़ों को सुलझा लेना उनकी ख़ासियत है।

मेरे साथ ठीक इसके उलट होता है। मुझे तो सब उलझा हुआ ही लगता रहा हमेशा। एक तो मैं उनसे कभी कुछ पूछती ही नहीं और अगर कभी कुछ पूछ लिया, तो वह हँसते हैं। कहते हैं—"जितना दिमाग़ तुम्हें समझाने में ख़र्च करूँगा, उतने में मेरे दसियों काम निबट जाएँगे।...और तुम्हें समझने की कौन सी ज़रूरत आ पड़ी है?"

उनका आना तय था, बल्कि पिछले कुछ दिनों से वह बार-बार यहाँ की चर्चा कर रहे थे। उन्होंने ही आने के लिए दिन तय किया। अपनी भागदौड़-भरी व्यस्त ज़िन्दगी के बीच इन दिनों जब उन्हें थोड़ी सी भी फ़ुर्सत मिलती,...वह यहाँ की चर्चा करने लगते। बम्बई से पटना तक हवाई जहाज़...और पटना से किराए की कार लेकर देवघाट तक जाने का कार्यक्रम उन्होंने ही बनाया।

उनका उत्साह देखते ही बनता था। मेरी इस शंका पर कि क्या इतने दिनों तक उनका बम्बई से बाहर रह पाना...यानी यहाँ रह पाना सम्भव होगा, वह ठठाकर हँसे थे। यहाँ कम से कम एक सप्ताह तक रुकने का कार्यक्रम था। उन्होंने वापसी का टिकट इसी हिसाब से कराया था। मेरे मन में यह चिंता बनी हुई थी कि यहाँ पहुँचकर कैसे रहना हो सकेगा?...कहाँ रहना होगा?...कौन-कौन मिलेगा और किस हाल में मिलेगा?...किसका व्यवहार कैसा होगा?...पर उनके

ऊपर इन चिंताओं का कोई असर नहीं था। उनका मन उछाह से भरा हुआ था।... पर ऐन वक़्त पर सबकुछ उलट गया। वह नहीं आ सके। उन्हें एक बड़े बिज़नेस डील के लिए विदेश जाना पड़ा। वह उदास दिखे थे। उन्होंने कहा था—"इतने सालों बाद सोचा जाने के लिए, तो..."

कोई सम्बन्ध यदि टूट जाए, तो क्या उसके टूटने का दुःख, या अंत तक नहीं निभ पाने का दुःख लिये तमाम उम्र रोना चाहिए? मैं जानती हूँ कि यह दुविधा-भरा सवाल नया नहीं है। पर इन दिनों मैं बार-बार अपने-आप से यही सवाल करती हूँ।...इनसान भी तो जीते-जीते अचानक मर जाता है। ग्रहों, नक्षत्रों और हाथ की रेखाओं के सारे खेल धरे के धरे रह जाते हैं। उम्मीदें, सपने, आनेवाले समय के लिए बुनी गईं तमाम इच्छाएँ, इनसान के मरने के साथ ही मर जाती हैं। बिना किसी हलचल के, कोई तर्क-वितर्क किए बिना चुपके से सबकुछ निष्प्राण हो जाता है। अचानक रोशनी के बुझते ही तमाम आकृतियाँ जैसे पिघलकर बिना किसी आकार की स्याही में बदल जाती हैं, वैसे ही क्या सम्बन्धों के साथ नहीं हो सकता? सम्बन्धों का टूटना ऐसे ही होना चाहिए। मृत्यु की तरह। जैसे जीवन की वापसी की सारी उम्मीदों पर ताले जड़ती और चाबी को गहरे कुएँ में डालती हुई आती है मृत्यु, वैसे ही समाप्त होना चाहिए सम्बन्धों को, यदि उन्हें समाप्त होना है तो। सम्बन्धों के टूटने के बाद यदि ज़रा सा भी कुछ शेष रह जाता है, तो वह ता-उम्र दुःख देता है। सम्बन्धों के फिर से जीवित होने की आस टीस की तरह साथ-साथ चलती रहती है। सम्बन्धों का टूटना मृत्यु की तरह हो, तभी इस टूटने को सही मायने में टूटना कहा जा सकता है।

देवघाट से बम्बई के लिए विदा होते हुए मैं अपने रिश्तों का बहुत सारा हिस्सा साथ लेती गई थी। हालाँकि, उनके अनुसार मैं कभी वापस नहीं आने के लिए गई थी, पर आज देवघाट में हूँ। बम्बई में रहते हुए पच्चीस वर्षों तक जो टीस मैं पालती रही, उसकी लहलहाती फ़सल आज यहाँ काट रही हूँ। है न अजीब बात—कुछ-कुछ उलझी हुई-सी! हाँ, बहुत कुछ उलझा हुआ है, पर मैं जानती हूँ कि इसे एक दिन, बहुत जल्दी सुलझ जाना है। बस, निर्णय लेने भर की देर है।

कुसुम बुआ के आने के बाद घर में रौनक भर गई है। अपनी गृहस्थी में उलझी रहनेवाली जिस दिदिया को दो-चार दिनों के लिए भी छुट्टी नहीं मिलती थी, वह

बुआ के आने की ख़बर सुनते ही देवघाट पहुँच गई। दो पीढ़ियों की बेटियाँ एक साथ मायके में हैं। मेरे घर में उत्सव का माहौल है। बुआ तो अकेली आई हैं, पर दिदिया के दोनों बेटों की धमाचौकड़ी और गौरैया की तरह फुदकती नन्ही सी बेटी की चहकन में पण्डित धूर्जटि पाण्डेय का घर-आँगन डूबा हुआ है। मैंने दिदिया को इस घर पर राज करते हुए बचपन से देखा है। पर आजकल वह बुआ की शागिर्दी में लगी हुई है। उनके पीछे-पीछे डोलती फिरती है। अम्मा और दिदिया दोनों इन दिनों बाबा की सेवा से मुक्त हैं। मेरे बाबा पण्डित धूर्जटि पाण्डेय चाहे जिसको आवाज़ दें, उनकी आवाज़ पर उन तक बुआ ही पहुँचती हैं। पण्डितजी की पूजन-सामग्री से लेकर भोजन-स्नान तक की सारी व्यवस्था बुआ ने सँभाल ली है। सिर्फ़ इतना ही नहीं, मेरे बाबा के दो छोटे भाइयों के कुनबे यानी पट्टीदारों के साथ कुछ वर्षों से रिश्ते में जो ठंडापन आ गया था, देखते-देखते आत्मीयता की ऊष्मा से भर गया है। बुआ की उपस्थिति ने कई जगह प्रभाव डाला है, मानो वर्षों से यह प्रयोगशाला कुसुम नामक रसायन की प्रतीक्षा में थी।

जिस बुआ की उपस्थिति से यह हलचल मची है, उनके आने की ख़बर से पहले तक उनके नाम की चर्चा चलते ही एक सर्द चुप्पी छा जाती थी। मेरी अम्मा की आँखें देवघाट के किनारे-किनारे बहनेवाली सरयू की धारा की तरह उमड़ने लगतीं...मेरे बाबूजी पण्डित रुद्रदेव पाण्डेय आगे की थाली सरकाकर उठ जाते और कई दिनों तक चुप-चुप रहते...और बाबा की आँखों में क्रोध की लपटें और नेह की आर्द्रता दोनों एक साथ दिखतीं। हम दोनों अचानक बदले इस मौसम से भयभीत हो जाते। क्यों होता है ऐसा? यह प्रश्न हम दोनों को नींद में भी सताता। हमारे लिए हमारे बचपन का सबसे बड़ा रहस्य थीं कुसुम बुआ। दिदिया और मैं, जब दोनों साथ होते, बुआ के बारे में खूब बातें करते। अपनी नासमझी के दायरे में ही सही, हम इस रहस्य को भेदने की कोशिशें करते। मैं तो कई बार पिटा भी हूँ। बुआ को देखने, बुआ से मिलने, बुआ के यहाँ जाने की ज़िद करता और घर में तनाव भर जाता। बाबा और बाबूजी तो नहीं, पर अम्मा पीटतीं। अक्सर इस तनाव का अंत मेरी पिटाई से ही होता। दिदिया होशियार थी। वह ऐसी ज़िद नहीं करती। चाहती तो वह भी थी, पर चुप लगा जाती। उसने बुआ को देखा था। वह जब पाँच साल की थी, तब बुआ यहाँ से गई थीं। पाँच साल की बच्ची को कितना कुछ याद रह सकता है भला! फिर भी, उनके बारे में जो भी उसकी स्मृति में था, मुझे बताती और इस ज्ञान के बल पर मुझ पर रौब झाड़ती। जब हम दोनों बड़े हुए और धीरे-धीरे कुछ बातें मालूम हुईं, तो मुझे अजीब लगा।

मेरे बाबूजी के भोलेपन और भीतर ही भीतर घुटते रहकर सब कुछ सहते जाने की आदत ने भी स्थितियों को जटिल बनाया था। बाबूजी एक मंदिर में पुजारी हैं। लोग उन्हें रुद्रदेव पाण्डेय नहीं, पुजारीजी कह कर बुलाते हैं। पिछली शताब्दी की शुरुआत में बने इस मंदिर में मेरी पिछली तीन पीढ़ियाँ पूजा करती आ रही हैं। अब बाबूजी को इस बात की चिंता घुन की तरह खाए जा रही है कि उनके बाद क्या होगा? वह जानते हैं कि मैं पुजारी बनकर जीवन गुज़ारना नहीं चाहता। वह स्वयं भी नहीं चाहते कि मैं पुजारी बनूँ।...पर मामला पाँच बीघा ज़मीन की खेती का है। यह ज़मीन पुजारी की जीविका और मंदिर की देखभाल के लिए दान में मिली है। मेरे गाँव के ही एक कायस्थ परिवार ने यह मंदिर बनवाया था और ज़मीन दान में दी थी। वे लोग अब गाँव में नहीं रहते। शहर में बस गए। इसी पाँच बीघे की खेती के बल पर मेरे परिवार का भरण-पोषण होता रहा है।

मैंने इसी साल बी.ए. किया है। मास्टर बनने की कोशिश में हूँ। बाबा चाहते हैं कि मैं देवघाट में ही रहूँ। यहीं बच्चों को पढ़ाऊँ और उनकी मृत्यु से पहले मंदिर में पूजा-पाठ का काम सँभाल लूँ।...कुसुम बुआ की बात करते-करते मैं यह कौन सी कथा कहने लगा! अपनी इस आदत से बहुत परेशान हूँ मैं। बात कहीं से शुरू करता हूँ...और कहीं ख़त्म। सिलसिलेवार बातों को रखने की कला नहीं सीख पाया। दिदिया को यह कला ख़ूब आती है। उसने देवघाट में अनुपस्थित बुआ के पच्चीस वर्षों को अपनी बातों से पाट दिया है। बुआ जिस किसी के बारे में जिज्ञासा करती हैं, दिदिया उसके बारे में विस्तार से बताती है। मसलन, किसकी मौत कब हुई...किसको कितने बच्चे हैं...किसकी शादी कब और कहाँ हुई। यहाँ तक कि किसकी बहू के मायके से विदाई के समय क्या आया और किसने अपनी बेटी की शादी में क्या-क्या दिया। बुआ की तमाम उत्सुकताओं को शांत करने में लगी है दिदिया। वह एक भी ब्यौरा छूटने नहीं देती और बुआ हैं कि देवघाट की दिवंगत आत्माओं से लेकर नवजात शिशुओं तक का विवरण जानने के लिए उत्सुक हैं। बुआ बता रही थीं कि बम्बई में रहते हुए भी वह देवघाट की चारों दिशाओं में बसे ग्राम देवताओं—जोगी बाबा, आशा बाबा, ब्रह्म बाबा और सती माई को सुमिरती रही हैं। जोगी बाबा तो सफेद चोगा पहने उनके सपनों में आते रहे हैं।

मैं एक बात बताना चाहता हूँ...अपने बारे में। जब से बुआ आई हैं, जाने क्यों मुझे लगता है कि मेरे जीवन की दिशा अब बदलने ही वाली है।

बुआ के आने की ख़बर मिलते ही मैं भागती हुई देवघाट पहुँची। हालाँकि, दम मारने की भी फुर्सत नहीं थी मेरे पास। एक तो खेती-किसानीवाले घर में फुर्सत निकाल पाना वैसे ही मुश्किल होता है और ऊपर से चैत-वैशाख। इन महीनों में रबी फ़सल की कटनी-दौनी की अफ़रा-तफ़री मची होती है। मेरे घर के लोग पुरोहिताई नहीं करते। हम लोग अपने गाँव के बड़े खेतिहर हैं। मेरे श्वसुर पण्डित गजानन चौबे इलाक़े के मातबर लोगों में हैं। इस बदले हुए ज़माने में भी उनका रौब-दाब है।

मेरे पति इकलौते हैं। दरवाज़े पर जीप है, ट्रैक्टर है, थ्रेसर है, पम्पिग सेट है, एक जोड़ी बैल हैं, भैंस है, जर्सी गाय है। कलमी आमों और शाही लीची के पेड़ों का अपना बग़ीचा है। दूध-दही-अन्न-फल से भरा-पूरा है मेरा घर। पूरे जवार में मेरे परिवार और पट्टीदारों की धाक है। देवघाट के लोग कहते हैं कि भगवान सबकी बेटी को पुजारीजी की बेटी जैसा भाग्य दे।

मेरे श्वसुर ने मुझे फाल्गुनी शिवरात्रि के दिन मेंहदार के मेले में देखा था। मैं अम्मा के साथ शिवजी को जल चढ़ाने गई थी। बाबा, बाबूजी और नीलेश भी साथ थे। मैं मैट्रिक की परीक्षा देनेवाली थी। बाबा का कहना था कि यह संयोग है कि परीक्षा से पहले शिवरात्रि की तिथि है। मुझे शिवजी की पूजा करनी चाहिए। उनकी कृपा हुई तो मैं अच्छे नम्बरों से पास हो जाऊँगी। मैं ठीक परीक्षा से पहले कहीं जाने को तैयार नहीं थी, पर भाग्य में लिखा था शिव का वरदान पाना, सो चली गई। परीक्षा और रिजल्ट से पहले वर मिल गया। चौबेजी ने मुझे देखा और पता लगवाया। जब उन्हें पता चला कि मैं देवघाट के पण्डित धूर्जटि पाण्डेय की पोती हूँ, तो बाबूजी को संदेश भिजवाया। विवाह तय हुआ, तो सपने की तरह लग रहा था सबकुछ। बाबूजी तो दोनों हाथ जोड़कर चौबेजी के सामने खड़े हो गए थे कि आपके घर के योग्य नहीं हैं हम। पर मेरे श्वसुर ने भरोसा दिलाया कि सम्बन्ध में हैसियत नहीं देखी जाती। यह तो लड़के-लड़की के भाग्य का खेल है।...और मैं चैनपुर के चौबे कुल की बहू बन गई। मेरा रिजल्ट आने से पहले मेरा विवाह हो गया। उन दिनों ये बी.ए. कर रहे थे। सीवान के कॉलेज में पढ़ते थे। कॉलेज से लौटते तो मेरे लिए...। मैं भी कौन सी पिटारी खोल बैठी!...कुछ दिनों बाद चुनचुन आया। फिर चुनमुन पैदा हुआ। इनको बेटी की साध थी, सो दो साल पहले चुन्नी हो गई।...इन्होंने हमेशा मुझे मान दिया है। ग़रीब के घर की बेटी मानकर कभी ओछा नहीं सोचा। मेरे मायके को लेकर कभी आनी-बानी नहीं बोलते। नीलेश की पढाई में हमेशा मदद करते रहे हैं। जब जितना चाहूँ,...जो चाहूँ, बिना पूछे देवघाट भेज सकती हूँ। लीख को लाख कर दूँ या

लाख को लीख, इनका मन कभी मलिन नहीं होता।

शुरू में बुआ के बारे में इन्होंने भी कई बार पूछा। क्या बताती मैं? चुप रहती या टाल जाती। पर कोई बात छिपती है भला! कुछ दिनों बाद इन्हें मालूम हो गया। पर इन्होंने इस बात की कभी मुझसे चर्चा नहीं की। एक बार जब मैंने पूछा तो कहने लगे कि पैबंद का सीवन उधेड़ने से कपड़ा किसी काम का नहीं रहता और शरीर भी नंगा हो जाता।...सच है यह। यही बात लोग नहीं समझते। इस बात को न तो बाबा समझे, न ही बाबूजी। जो होना था, सो हो गया। इसमें भला बुआ का क्या दोष!

मैं पाँच साल की थी तो बुआ बम्बई चली गईं। मैं तीस की होने जा रही हूँ अब। चौदह साल पूरे होंगे मेरी शादी के। तीन बच्चों की माँ हूँ मैं। बड़ी आस थी कि मेरे ब्याह में तो बुआ आएँगी ही; पर बुआ नहीं आईं। बाद में पता चला कि मेरी माँ के बहुत रोने-गिड़गिड़ाने के बाद भी बाबा नेवता भेजने को तैयार नहीं हुए।

कुसुम बबुनी के आने के बाद मेरा मन थिर हुआ है। इतने सालों तक कुम्हार के चाक पर रखी गीली माटी की तरह चक्कर काटते-काटते मैं थक चुकी थी। अब थोड़ा आराम मिला है। मन को चैन मिला है।

इन सालों में शायद ही कोई रात रही होगी, जब बिना रोए-सुबुके मेरी आँख लगी हो। ख़ुशी के ढेरों अवसर आए, पर कुसुम बबुनी को लेकर मेरे मन में टीस बनी रही। मैंने कुसुम को ननद नहीं, अपनी सहेली की तरह प्यार किया है। जब मैं ब्याह कर आई, कुसुम के लिए वर खोजा जा रहा था। हम दोनों की उम्र में दो-तीन साल का ही फासला है। मेरी सास मर चुकी थीं। कुसुम ही घर सँभालती थी। हम दोनों सखियों की तरह इस घर में डोलती फिरतीं। कुसुम ने ब्याह के साल ही प्राइवेट से मैट्रिक की परीक्षा पास की। बड़ी होनहार रही है वह। उन दिनों हमारे घरों में लड़कियों का पढ़ना-लिखना एक संयोग ही था। पढ़ाने का चलन ही नहीं था। बहुत जोड़-घटाकर मैं सिर्फ़ चिट्ठी बाँचना भर सीख सकी। मेरे श्वसुर पण्डित धूर्जटि पाण्डेय के विरोध के बावजूद मेरे पति अपनी बहन को परीक्षा दिलवाने ले गए थे।

कुमुद छोटी थी। कुसुम से लगभग दो साल छोटी। कुमुद के बारे में बातें करते हुए होंठ नहीं खुलते...मन काँपता है, पर बात तो करनी होगी।...सबसे

अलग थी कुमुद। चैत की पुरवाई की तरह चंचल, सिलाई-कढ़ाई और गीत-गवनई में हुनरमंद।...अब मैं सोचती हूँ, कुसुम से मेरे अपनेपन ने, मेरी निकटता ने अनजाने ही कुमुद के मन में मेरे और कुसुम के लिए घृणा के बीज बो दिये होंगे। मेरे लाड़-दुलार को उसने कभी स्वीकार नहीं किया। कुसुम से भी वह दूर होने लगी थी। वह चुप रहती। लाख चाहने के बावजूद वह मेरे निकट नहीं हो सकी। शायद उसे लगता रहा कि मैंने उसकी दिदिया को उससे छीन लिया है। जो भी हो, मैं तो इसे अपनी ही भूल मानती हूँ। हालाँकि मैंने कभी भेद-भाव नहीं किया। उसे छोटी बहन की तरह ही प्यार किया।...पर मेरे भीतर यह कसक है कि कुसुम से मेरे अपनापे ने उसे मुझसे दूर किया, कुसुम से दूर किया और वह भीतर ही भीतर बदलती चली गई।

कुसुम का ब्याह हुआ। पाहुन पढ़े-लिखे थे। जायदाद नहीं थी। हम लोगों जैसा ही पुरोहितों का परिवार था। कुसुम ससुराल गई। विदा होकर लौटी। सबकुछ ठीक था। ससुराल में सम्पन्नता नहीं होने के बावजूद कुसुम प्रसन्न थी। कुसुम के आने के बाद पाहुन का देवघाट आना-जाना शुरू हुआ। कुसुम की विदाई की बात चली, तो पाहुन ने मना कर दिया। वह चाहते थे कि कुसुम तब तक देवघाट में रहे, जब तक वह कोई नौकरी नहीं कर लेते या कोई अपना व्यवसाय नहीं शुरू कर देते। इस बीच मैं माँ बन चुकी थी। पाहुन का आना-जाना लगा रहा। वह आते, कुछ दिन रुकते और फिर अपने गाँव चले जाते। कुसुम की विदाई को लेकर फुसफुसाहटें शुरू हो चुकी थीं। लोग अपने-अपने ढंग से बातें गढ़ने लगे थे। दिन गुज़रते रहे।

...और एक दिन वज्र टूट पड़ा। पूरा का पूरा आसमान हमारे घर के ऊपर औंधे मुँह आ गिरा। विपत्ति के काले बादलों ने ऐसे ढँका कि आज तक अँधेरा पसरा हुआ है।...बहुत छटपटाई थी कुमुद। जामुन की तरह काले हो गए थे उसके होंठ। सारी देह नीली पड़ गई थी। इसके पहले कि कोई समझे-बूझे, चली गई कुमुद। सुबह का समय था। जाड़े की सुबह को अपनी मौत की आँच से पिघलाकर पानी-पानी कर गई कुमुद।...रोने के लिए भी समय नहीं दिया। आनन-फानन में कुमुद का दाह-संस्कार हुआ। इस बुरी घड़ी में पट्टीदारों ने साथ दिया। कुमुद की अकाल मृत्यु ने सबको सकते में डाल दिया था। कुल की मर्यादा ढँकने-छिपाने में लगे थे सारे लोग।...पर कलंक छिपता है भला! जब चन्द्रमा का कलंक नहीं छिप सका तो...।

मैं ही अपनी ज़िम्मेदारी नहीं निभा सकी। बड़ी भौजाई थी मैं। मुझे ही सँभालना था। मुझे ही अपनी आँखें खोलकर अपनी गृहस्थी को...अपने घर-बार

को देखना था।...अपने परिजनों की देख-रेख करनी थी।...जो मैं नहीं कर सकी।...और कुसुम? कुसुम को तो काठ मार गया था। पत्थर बन गई थी वह। उस दिन जो कुम्हलाई कुसुम, सो आज तक उसके चेहरे पर चमक नहीं देख सका कोई। उसका तो सब कुछ उजड़ गया। पूरा जीवन ही जड़ से उखड़कर इस तूफ़ान में उड़ गया।...मैं बहुत कुछ कहना चाहती हूँ।...पर क्या कहूँ? अब सब कहना-सुनना बेकार है। अब मेरी समझ में आया कि मुसीबतों से जूझने के लिए ढीठ रीढ़ चाहिए। मुझ जैसी औरतों की रीढ़ तो जनमते ही सौरी घर में तोड़ दी जाती है।

मैंने अब तक जो कुछ कहा है, उसमें बहुत सारा झूठ शामिल है। अब कोई पूछे कि झूठ क्यों?...तो झूठ इसलिए कि मुझे झूठ की छाया में जीने की आदत पड़ चुकी है। सच जब रौरव नरक की आग में जलाए, तो साँस लेने के लिए झूठ की छाया में जाना पड़ता है। इसे वही समझ सकता है, जिसे बिना किसी अपराध के दंड भोगना पड़े। मेरा यह तर्क बेकार और वाहियात हो सकता है, पर यह सच है कि आँधी में दीया-बाती की तरह टिमटिमाती रही हूँ मैं।

मुझे जबरन वापस ससुराल भेजा गया। मुझे विदा कराने कोई नहीं आया था। भौजी और भइया ने मौन साध लिया। बाबूजी इस बात पर राज़ी नहीं थे कि मैं देवघाट में रहूँ। वह नहीं चाहते थे कि पहाड़-सा मेरा जीवन उनकी छाती पर बोझ बना रहे। उन्हें मेरी नहीं, गाँव-जवार...कुल-ख़ानदान की चिंता थी। वह सब कुछ को भाग्य का खेल मानते रहे। उन्होंने साफ़-साफ़ कहा था—"जीवन भर अपनी ब्याहता बेटी को अपने घर रखकर दुनिया को कौन-सा मुँह दिखाऊँगा?... किसके-किसके सवालों के जवाब देता रहूँगा?"

भइया मुझे मेरी ससुराल छोड़ आए। यदुनाथ दुबे बम्बई में थे। साल भर बाद वह गाँव लौटे, तो मुझे साथ लेकर बम्बई गए। मैं पति के साथ परदेस पहुँची। देसी कट्टों से भरा एक बक्सा भी मेरे साथ-साथ बम्बई आया था। इन्हीं कट्टों को बेचकर यदुनाथ दुबे ने अपना व्यवसाय शुरू किया। शराब...मटका... हथियार...फिल्मों में एक्स्ट्रा डांसरों की सप्लाई जैसे कई धंधों से गुज़रते हुए एक बड़े व्यवसाय की नींव पड़ी। बम्बई के एक उपनगर में बँगला...गाड़ियाँ...बड़ा सा दफ़्तर और लाखों-लाख का लेन-देन। इस बीच एक कमसिन औरत को ले आया यदुनाथ दुबे। अब मुझ जैसी नौकरानी के साथ पूरा जीवन तो वह काट नहीं

सकता था। एक खूबसूरत बीवी के बिना बड़े लोगों का संसार अधूरा होता है। अँग्रेज़ी बोलने वाली इस खूबसूरत औरत ने देखते-देखते दुबे के संसार को वैभव से भर दिया। वह दुबे के साथ शराब पीती, पार्टियों में जाती और व्यवसाय के हित में लोगों को फाँसती। मैंने बम्बई पहुँचते ही साफ-साफ दुबे से कह दिया था कि मैं रोटी पका सकती हूँ...कपड़े धो सकती हूँ...तुम्हारा शरीर थक जाए तो गू-मूत साफ कर सकती हूँ, पर तुम्हारे साथ सो नहीं सकती। मेरी देह और मेरा मन पाने का अधिकार तुम खो चुके हो। तुमने मेरी कुमुद की देह को नष्ट किया है। तुमने उसकी निर्मल देह को वासना की आग में झोंका है। उसकी नासमझ उम्र और भोले मन को नरक की आग में जलाया है।

यदुनाथ दुबे को मेरी देह की ज़रूरत नहीं थी। वह बम्बई के बाज़ार का खिलाड़ी बन चुका था। उसके लिए क़दम-क़दम पर देह बिछी हुई थी। जब वह अपने लिए नई औरत ढूँढ़कर लाया, तो न उसे कोई झिझक थी और ना ही मुझे कोई चिंता। वह ताक़तवर औरत थी। उसने सब कुछ देखते-देखते हासिल कर लिया। हाँ, मुझे लेकर वह निर्विकार थी। उसने मुझसे कभी कुछ नहीं पूछा। मैं बँगले के पिछले हिस्से में रहने लगी थी। दुबे की पाप की कमाई से अन्न खाकर प्राण रक्षा का पाप करती रही मैं।

मैंने झूठ कहा कि वे यहाँ आना चाहते थे। मैंने यदुनाथ दुबे नाम के इस राक्षस को कुमुद की मौत के बाद कभी आप कहकर नहीं पुकारा। न तो उसे यहाँ आना था और न ही वह यहाँ आना चाहता था। उसके व्यवसाय, उसके धन, उसके हुनर से मेरा कोई लेना-देना नहीं। मैंने उसे सिर्फ़ इतना भर कहा था कि मैं देवघाट जा रही हूँ। वह पल भर के लिए अचम्भित हुआ था। मुझे सिर से पाँव तक देखा था और मुस्कुरा उठा था। ज़हर बुझी मुस्कान थी वह।...मैंने शुरुआत में जो कुछ कहा है, वे सब मेरी कल्पनाएँ हैं। क्या करती मैं? पच्चीस साल में ढेरों कल्पनाएँ करती रही हूँ। इन कल्पनाओं को सुनाने बैठूँ, तो कई युग निकल जाएँ। इन्हीं कल्पनाओं के सहारे बेमतलब जीवित रही हूँ। इन्हीं कल्पनाओं से... इस झूठ से मुक्त होकर अब जीना चाहती हूँ मैं।

...यह भोंदू सा दिखनेवाला नीलेश ही वह देवदूत है, जिसने मेरी मुक्ति की राह खोल दी है। वह रेलवे की नौकरी का इन्टरव्यू देने बम्बई पहुँचा। मेरी ससुराल के गाँव जाकर बम्बई का पता लिया और एक दिन मेरे सामने खड़ा हो गया। उसी ने बताया कि बाबा सारी-सारी रात अकेले में रोते हैं। बाबूजी और अम्मा की भीगी हुई आँखों से हर रोज़ आँसू बनकर आप टपकती हैं। मेरी दिदिया आपके बारे में ढेरों प्यारे-प्यारे क़िस्से गढ़ कर सुनाती रहती है।...और बुआ, मैं

आपको विदा कराने आया हूँ। साथ लेकर ही जाऊँगा।

मैंने देवघाट से वापस नहीं जाने का निर्णय लिया है। मेरे बाबूजी पण्डित धूर्जटि पाण्डेय भी नहीं चाहते कि उनकी बेटी वापस जाए। मैं भी दुबे से अपने सम्बन्ध पर मृत्यु की तरह ताला जड़कर और चाबी समुद्र में फेंककर आई हूँ।

(जनपथ, 2006 में प्रकाशित।)

डाइन

वह आधी रात के बाद अचानक प्रकट हुई थी। उसके आने की दूर-दूर तक कोई उम्मीद नहीं थी।

जेठु मंडल अर्ज़ियाँ लिखने में व्यस्त था। उसे आज रात कलक्टर और ज़िला परिषद् के चेयरमैन के नाम अर्ज़ियाँ तैयार करनी थी। बात बनते-बनते बिगड़ चुकी थी। कलक्टर के पीए के समधी के मार्फ़त उसने नए सिरे से कोशिश शुरू की थी। उस पीए ने एक नया रास्ता सुझाया था और मदद का भरोसा दिया था। ज़िला परिषद् के चेयरमैन तक पहुँचने में उसके छक्के छूट गए थे। उसके दूर के एक रिश्तेदार का बेटा चेयरमैन का ख़ास शूटर था। उसने चेयरमैन तक पहुँचाने का वायदा किया था। जेठु मंडल को कमिश्नर की चिंता नहीं थी। जब कलक्टर और ज़िला परिषद् के चेयरमैन की अनुशंसा हो जाएगी, तब कमिश्नर कुछ नहीं बिगाड़ सकेगा। उसे झख मारकर दस्तख़त करना पड़ेगा। वह इस बार हर क़ीमत पर मामले को अपने हक़ में मोड़कर लक्ष्य हासिल करना चाह रहा था। अब वह नए सिरे से अर्ज़ियाँ दाख़िल करने की तैयारी में जुटा था। उसके गुरु ने उसे पहली सीख यही दी थी कि सरकारी दफ़्तरों-कचहरियों में सफलता सिर्फ़ बुद्धि से नहीं मिलती। इसके लिए धीरज भी चाहिए। अर्ज़ियाँ डालते जाओ ताकि सनद रहे। ऐसी ही सीखों ने उसे हुनरमंद बनाया था। इन दिनों वह मुआवज़ा वसूली के एकसूत्री अभियान में लगा हुआ था। इस अभियान की पहली फ़सल वह काट चुका था। दूसरी फ़सल काटने में लगातार अड़चनें आ रही थीं।

दिसम्बर मध्य के दिन थे। ठंड रीढ़ तक में घुसकर पसरी रहती थी। सितम्बर के आख़िरी हफ़्ते में आई बाढ़ का पानी उतरकर अब नदी के पेट की ओर सरकने लगा था। पर धरती गीली थी—दलदल और पाँक से पटी हुई। कहीं-कहीं तो नदी की छाड़न धाराएँ नदी की तरह ही जीवित थीं। इस छोटे से शहर को कोशी ने अपनी कई अस्थायी धाराओं के जाल में फँसा रखा था। बाढ़ अमूमन हर साल आती, पर निचले इलाक़ों में डेरा जमाती और फिर विदा हो जाती।...पर इस साल

तो प्रलय लेकर आई थी। इस प्रलय के नख-दंत चिह्न इतने गहरे थे कि इस छोटे से शहर के अधिकांश लोगों का चेहरा ही बदल गया था। और फिर ठंड ऐसी कि साँझ घिरते ही पूरा शहर दड़बे में जा छिपता। सड़कें वीरान हो जातीं। कुत्ते बाढ़ में बह गए थे। पर कुछ कुत्तों ने भागकर अपनी जान बचा ली थी और अब वे इक्का-दुक्का लौट रहे थे। पर वे सदमे में थे और भौंकना भूल चुके थे। उनके नहीं भौंकने से सन्नाटे के टूटने की गुंजाइश भी ख़त्म हो चुकी थी। रात का सन्नाटा कुत्तों के भौंके बिना सन्नाटे से अलग लगता, सन्नाटे से ज़्यादा भयावह। ऐसी भयावह रात में भटकती हुई जाने कैसे पहुँच गई थी वह।

जेठु मंडल चकित था। उसे अपनी आँखों पर भरोसा नहीं हो रहा था। पहले तो वह मुँह बाए उसे देखता रहा, फिर उसने दरवाज़े के पल्लों को पूरी तरह खोल दिया ताकि वह भीतर आ सके। बिना कुछ बोले वह अपनी टुटही मेज़ के सामने रखी बिना बाँह वाली उस कुर्सी पर बैठ गया, जिस पर बैठ कर अर्ज़ियाँ लिख रहा था। वह खड़ी थी। काँप रही थी। ठंड और थकान ने वेध-वेधकर उसका बुरा हाल कर दिया था। वह पूरी तरह लस्त-पस्त दिख रही थी। वहाँ पहुँच जाने का इत्मीनान अभी उसके चेहरे पर नहीं था। घर के भीतर घुसने से पहले पल भर के लिए यह इत्मीनान कौंधा ज़रूर था, पर टिका नहीं। जेठु मंडल उसे जड़वत् निहार रहा था और वह उसके सामने थी।

जेठु मंडल का गाँव इस शहर से सटा हुआ था। लगभग दो वर्षों से वह रोज़ी-रोटी के चक्कर में इस शहर में किराए की एक कोठरी लेकर अकेले रह रहा था। पत्नी-बेटियाँ और बाप-महतारी सब गाँव में ही रहते। उसका ब्याह बचपन में ही हो गया था। मैट्रिक पास करते-करते वह दो बेटियों का बाप बन चुका था। थोड़ी सी, बस कहने भर को खेती थी। खेती से पेट भरता नहीं था। आषाढ़ बीतते-बीतते खेतों में पानी भरने लगता और माघ बीतने तक रुका रहता। बारिश हो या न हो, पानी ज़रूर आ जाता। नेपाल से आनेवाली नदियाँ पानी लातीं और उड़ेलकर डाइनों-चुड़ैलों की तरह नाचतीं। खेत ख़ाली होते तभी मजूरी का भी आसरा होता। जेठु का बाप मृदंग बजाता और देवी के गीत गाता। उसकी महतारी पर देवी का वास होता और वह हाथों में खप्पर लिये बेसुध होकर नाचती। महीने में एक-दो बार तो ऐसा होता ही। और जब ऐसा होता, दोनों सारा गाँव घूम आते और उनकी झोली में कुछ दिनों तक पेट भरने का सरंजाम होता। इन हालात में

जैसे-तैसे मैट्रिक पास करने के बाद जेठु मंडल के लिए जीना दूभर हो चला था। एक दिन उसने गाँव छोड़ दिया।

जेठु मंडल शहर पहुँचा। यह कहने भर को शहर था। अँग्रेज़ों के ज़माने में बसा एक क़स्बा था, जो अपनी चाल से चल रहा था। दुःख, निराशा, निन्दा और ईर्ष्या यहाँ स्थायी भाव थे। इस क़स्बे पर कुछ वर्षों पहले सरकार मेहरबान हुई और इसे सबडिविज़न से ज़िला बना दिया। यहाँ आने के बाद जेठु मंडल को बहुत भटकना पड़ा। उसे तरह-तरह के पापड़ बेलने पड़े। धक्के खाते-खाते एक दिन वह यहाँ की ज़िला कचहरी के सबसे बड़े वकील के मुंशी का असिस्टेन्ट बन गया। वकील का बहुत नाम था। वह बहस करने में धुरंधर और अपने दिमाग़ी दाँव-पेंच से मुद्दालह के वकील की बोलती बंद करने में माहिर था। उसके मुंशी का रुतबा भी कम नहीं था। वह मुवक्किलों को फाँसने और लूटने में वकील से ज़्यादा माहिर माना जाता था। लोगों का मानना था कि उस वकील की वकालत को चमकाने में मुंशी का योगदान बहुत ख़ास था। बड़ी मिन्नतों के बाद वह मुंशी जेठु मंडल को अपना असिस्टेन्ट बनाने पर राज़ी हुआ था। जेठु ने उससे कचहरी में मुंशीगीरी का हुनर सीखना शुरू किया। मुंशी उसे अपने साथ रखता। फाइलें ढुलवाता। चाय-पान मँगवाता। वह सुबह के नाश्ते से रात के खाने तक का इंतज़ाम मुवक्किलों की टेंट से करता और जेठु को भी उसमें शामिल करता। रात में लौटते हुए जेठु मंडल की जेब में भी कुछ न कुछ ज़रूर होता। मुंशी मुवक्किलों को ऐसे फाँसता कि जेठु की जेब में उसे अपने हिस्से से कुछ न डालना पड़े। रात में अक्सर वह किसी मुवक्किल की नाक में नकेल डालकर जेठु के साथ कचहरी के पीछे वाले होटल में जा पहुँचता। इस होटल के छोकरे अपने ग्राहकों के इशारे समझने में माहिर थे। उन्हें मालूम था कि मुवक्किलों के साथ आनेवाले ग्राहकों की आवभगत कैसे की जाती है। मुंशी के लिए रम का अद्धा और क़लिया आता। जेठु अपने हाथों अपने गुरु के लिए गिलास तैयार करता। वह ख़ुद पीता नहीं था, पर रोटियों के साथ क़लिया की बोटियाँ उड़ाता। मृत्यु के आसन्न ख़तरे को भाँपकर ज़िबह होनेवाले बकरे की तरह मिमियाते हुए मुवक्किल एक-एक पल गुज़ारते। मुंशी और जेठु दोनों मुवक्किलों की मिमियाहट के मज़े लेते। जेठु रोज़ रात को मुंशी को छोड़ने उसके घर जाता। अपने घर पहुँचते ही मुंशी बरामदे में बिछी चौकी पर पसर जाता और जेठु थोड़ी देर तक उसके पाँव दबाकर वापस आता। वहाँ से चलने से पहले अक्सर उसकी आँखें दरवाज़े के पल्लों की ओट में खड़ी मुंशी की बीवी से टकरा जातीं। मुंशी की बीवी बहुत सुन्दर थी। गोरी-चिट्टी, लम्बी-छरहरी, साँचे में ढली जवान औरत थी वह। मुंशी काला-कलूटा,

नाटा, बदसूरत और बुढ़ापे की दहलीज़ पर खड़ा अधेड़ था। शुरू में उस औरत से आँखें मिलाते हुए वह झिझका, पर बाद में उसकी आँखें उस औरत को ढूँढ़ने लगीं। मुंशी की बीवी भी शुरुआती दिनों में झिझकी थी, पर बाद में वह जेठु को ख़ूब निहारती और मुस्कुरा देती। फिर वह जेठु से बतियाने लगी।

जेठु से बतियाते हुए मुंशी की बीवी की आँखों में चमक भरने लगी। यह चमक धीरे-धीरे जेठु की ज़िन्दगी में उतरने लगी। मुंशी की बीवी की आँखें कभी जेठु की रातों की नींद में घुसकर चमकतीं, तो कभी दिन-दुपहरिया कचहरी में मुवक्किलों के पीछे भागते जेठु का पीछा करतीं। मुंशी को कोई औलाद नहीं थी। पहली पत्नी इसी ग़म में घुट-घुटकर मर गई थी। बुढ़ापे की दहलीज़ पर खड़े मुंशी ने औलाद की लालसा में दूसरी शादी की थी। मुंशी की एक विधवा बहन भी थी। बूढ़ी विधवा बहन और दूसरी बीवी के अलावा और कोई घर में नहीं था। इस बूढ़ी विधवा को भी कोई आसरा नहीं था। वह अपनी भावज की मलामतें सहती, पूजा-पाठ करती और दो रोटियाँ खाकर आँखें मूँदे पड़ी रहती। एक दिन मुंशी की बीवी ने जेठु मंडल से याचना की कि वह उसकी गोद हरी कर दे। अगर ऐसा नहीं हुआ, तो मुंशी अपनी पहली बीवी की तरह उसे भी मार डालेगा। और अगर उसकी गोद भर गई तो वह जेठु की दुनिया बदल देगी। दारू से खोखली हो चुकी देह लिये मुंशी और कितने दिन जी सकेगा भला! उसके मरते ही वह जेठु को अपने साथ रख लेगी। वह जेठु की पत्नी को अपनी बहन की तरह मानेगी और उसकी बेटियों के ब्याह में मदद करेगी। मुंशी की बीवी के इस प्रस्ताव ने जेठु मंडल की ज़िन्दगी में नया रंग भर दिया। उसे अपने भाग्य के सितारे चमकते हुए दिखे। उसने सुना था कि गाँव से शहर आकर बसने वाले लोग बड़ा बनने के लिए शहर में भी बीवी या रखैल रखते हैं। इस प्रस्ताव ने उसे बड़ा आदमी बनने के अहसास से भर दिया। जेठु मंडल की तबीयत अब कचहरी में कम लगती, पर वह मन मसोसकर अपने को क़ाबू में करता और कचहरी के काम निबटाता। उसे यह बात अच्छी तरह मालूम थी कि कचहरी एक ऐसी पाठशाला है जहाँ बिना समय गुज़ारे वह कामकाज में कच्चा रह जाएगा। उसकी नज़र और तबीयत मुंशी के घर में उलझी हुई ज़रूर थी, पर वह सतर्क था। जेठु मंडल की लालसा में कचहरी में मुंशी की जगह और हैसियत भी शामिल थी।

एक दिन बाप की बीमारी की ख़बर पाकर जेठु मंडल अपने गाँव पहुँचा। बूढ़े-

बीमार बाप को साथ लिये शहर आया। उसकी महतारी अपने पति की सेवा-टहल के लिए साथ आई। उसने बाप को शहर के सरकारी अस्पताल में भर्ती करवा दिया। उसकी महतारी देख-भाल के लिए वहीं रहती। जेठु कचहरी जाने से पहले बाप को देखने अस्पताल जाता। वह रात को नहीं जा पाता। उसे मुंशी के घर से लौटते हुए अक्सर देर हो जाती। उसकी महतारी गाँव से चिवड़ा-सत्तू साथ लेकर चली थी। जेठु पहुँचता तो कभी-कभार होटल से कुछ ख़रीदकर उसे देता। यहाँ होटलवाले रोगियों के लिए खिचड़ी बनाकर बेचते। जेठु ने बाप के लिए होटल से खिचड़ी भिजवाने का इंतज़ाम कर दिया था। जेठु का बाप स्वस्थ होने के बदले धीरे-धीरे मौत के क़रीब पहुँचता रहा। डॉक्टर ने पहले ही बता दिया था कि उसके यहाँ ठीक होने की उम्मीद नहीं है।

इस बीच बारिश का मौसम आ चुका था। देहात के निचले इलाक़ों में कोशी का पानी भरने लगा था। उसके गाँव के डूबने की ख़बर आई। यह कोई नई बात नहीं थी। ऐसा लगभग हर साल होता। गाँव डूबते और लोग-बाग ऊँची जगहों पर डेरा डालते और पानी उतरने तक जमे रहते। पर इस बार हालात पहले से ज़्यादा ख़राब थे। शहर में पानी भरने लगा था। कोशी की छाड़न धाराएँ उफन-उफनकर नाच रही थीं। गाँव से भागकर आए कुछ लोगों ने जेठु को बताया कि इस बार कोशी तिरमिश काट रही है यानी धरती को नीचे ही नीचे काट रही है कोशी। ऊपर पता तक नहीं चलता और गाँव के गाँव गड़ाप।...जेठु मंडल भागा। जैसे-तैसे गाँव पहुँचा। पत्नी और बेटियों को साथ लेकर शहर लौटा। गाँव से शहर लौटते हुए ऐसा लगा कि अब परिवार नहीं बच पाएगा, पर भाग्य ने साथ दिया और वह शहर के मुहाने तक पहुँच गया। शहर में घुसने के लिए सिर्फ़ नाव का ही सहारा था। उसके शहर में घुसने से पहले उसका डेरा डूब चुका था। जेठु मंडल पत्नी और बेटियों के साथ मुंशी के घर पहुँचा। मुंशी का घर शहर के सबसे ऊँचे इलाक़े में था। मुंशी की बीवी ने उसके परिवार को ख़ुशी-ख़ुशी अपने घर में जगह दी।

जेठु मंडल को अपने बाप-महतारी की याद आई। वह अस्पताल की ओर भागा। अस्पताल में पानी घुसने लगा था। अस्पताल भी थोड़ी ऊँची जगह पर था और पूरी तरह डूबने से अब तक बचा हुआ था। पर अस्पताल के बाहर सब कुछ जलमग्न हो चुका था। धारा इतनी तेज़ थी कि तैर कर पार करना सबके बूते की बात नहीं थी। तैरते हुए जेठु अस्पताल में घुसा। बाप की लाश बेड पर पड़ी थी। लोग भाग चुके थे। कुछ कुत्ते थे, जो रोगियों के बेड पर बैठे थे और वार्ड में घुसते पानी को कातर आँखों से निहार रहे थे। उसकी महतारी का कहीं

अता-पता नहीं था। जेठु के पास तीन काम थे। पहला, जान बचाकर बाहर निकलना और सुरक्षित स्थान पर पहुँचना। दूसरा काम था, महतारी की खोज-ख़बर लेना। और तीसरा काम था, बाप का अंतिम संस्कार करना। उसने पहला काम किया।

जो जीवित थे, ईश्वर को गुहारते हुए दिन गुज़ार रहे थे। रात होते ही दारू के बिना मुंशी के हाथ-पैर में ऐंठन होने लगती। वह पागलों की तरह चिल्लाता और हाँफता। इस आफ़त की घड़ी में भी जेठु मुंशी की फ़िक्र करता और दारू ढूँढ़ने निकलता। मुंशी की बीवी जेठु के परिवार से अपनापा गाँठने में लगी थी। वह जेठु की पत्नी के पीछे-पीछे डोल रही थी। मुंशी की विधवा बहन और जेठु की बेटियों के बीच दादी-पोती का नया रिश्ता अँखुआने लगा था। जेठु की पत्नी सास-श्वसुर को याद कर आँसू बहाने में व्यस्त थी। उसे फ़ुर्सत नहीं थी कि वह अपने पति और मुंशी की बीवी के बीच पनपे रिश्ते की गंध सूँघ सके।

पानी उतरा। लाशों से उठती बू शहर में छा गई थी। सरकार ने सबसे पहले मुआवज़े की घोषणा की। जिनकी लाशें मिलीं, उन मृतकों के लिए एक लाख और जिनकी लाशें नहीं मिलीं और जो लापता थे, उनके जीवित नहीं होने और बाढ़ के पानी में बह जाने का प्रमाण सौंपने पर पचास हज़ार। जेठु मंडल ने पत्नी और बेटियों को गाँव रवाना किया और बाप की लाश खोजने में व्यस्त हो गया। लाशें मिल तो रही थीं, पर उन्हें पहचानना मुश्किल था। कपड़ों या देह में लिपटी दूसरी चीज़ों से पहचान क़ायम हो रही थी, पर इसके लिए क़ुव्वत और हुनर की ज़रूरत थी। बाप की लाश खोजते हुए जेठु मंडल ने एक लाश पर कब्ज़ा किया और कचहरी में मुंशीगीरी के अनुभव का लाभ उठाया। अस्पताल में भर्ती के समय उसके बाप के नाम बनी पुर्ज़ी उसकी जेब में थी। इसी पुर्ज़ी ने उसकी मदद की और वह बाढ़ से मरनेवालों की सूची में अपने बाप का नाम दर्ज़ करवाने में सफल हो गया। अब उसे अपनी महतारी की फ़िक्र हुई। लाश थी नहीं। अब तक मिली लाशों पर किसी न किसी का कब्ज़ा हो चुका था। वह लापता लोगों की सूची में अपनी महतारी का नाम दर्ज़ करवाने की जुगत में लग गया।

धीरे-धीरे हालात बदले। लोगों ने अपने घरों-दुकानों को सहेजना शुरू किया। बाज़ार खुले। सरकारी दफ़्तरों और कचहरी में लोगों की आवाजाही शुरू हुई। त्योहारों के मौसम आए। दशहरा में रावण जला और देवी की पूजा हुई। दीपावली में लोगों ने चिराग़ जलाए। छठ पर्व आया। कोशी के तट पर भारी भीड़ जुटी। लोगों ने डूबते और उदित होते सूर्य को अर्घ्य दिया। इस बीच लापता लोगों की सूची कई बार बनी और निरस्त हुई। हर बार कोई न कोई पचड़ा फँस जाता।

मृतकों की सूची के आधार पर मुआवज़े की रकम ज़िला कोषागार में पहुँची। अधिकारियों और कर्मचारियों ने दाँव-पेंच लगाया और बन्दरबाँट शुरू हुई। पद और हुनर के हिसाब से लोगों ने अपना-अपना हिस्सा पाया। जेठु मंडल को लाख में चालीस हज़ार मिले। जिस दिन जेठु को रुपए मिले, ठीक उसी दिन मुंशी की बीवी ने उसके कानों में फुसफुसाते हुए कहा कि वह पेट से है।

लापता लोगों की सूची को अंतिम रूप दिया जा रहा था। इस सूची में अपनी महतारी का नाम दर्ज़ करवाने में असफल जेठु मंडल हार मानने वाला नहीं था। वह सफलता पाने के लिए जी-जान से नए रास्ते की खोज में था। सरकार ने तय किया था कि कलक्टर और ज़िला परिषद् के चेयरमैन जिस नाम की अनुशंसा करेंगे, कमिश्नर उसी नाम पर विचार करेंगे। बहुत भाग-दौड़ के बाद जेठु को रास्ता मिला था। उसने कलक्टर और ज़िला परिषद् के चेयरमैन तक पहुँचने के लिए रास्ते ढूँढ़ लिए थे और नये मज़मून के साथ अर्ज़ियाँ लिखने में मशगूल था कि वह प्रकट हो गई।

जेठु मंडल भौंचक था। वह उससे कुछ भी नहीं पूछना चाहता था। यह भी नहीं कि वह बाढ़ की जलधारा में बहती हुई कहाँ- कहाँ गई?...उसने कैसे अपनी जान बचाई?...कहाँ रही?...और वापस कैसे आ गई? सितम्बर के आख़िरी हफ़्ते से दिसम्बर मध्य तक का समय कम नहीं होता! जेठु मंडल ने उससे कुछ नहीं पूछा। उसे कई कोणों से निहारता रहा। यह औरत उसे अपनी महतारी की तरह नहीं लग रही थी। उसे लग रहा था कि जैसे बाढ़ में अकाल मृत्यु की शिकार किसी फ़रेबी औरत की आत्मा उसकी महतारी की देह धारण कर सामने बैठी हो। जेठु मंडल के कानों में प्रलय मचाती कोशी की आवाज़ भरने लगी। फिर मृदंग की अनुगूँज से भर उठी उसकी कोठरी। मृदंग पर नाचते हुए उसका बाप प्रकट हुआ। सामने बैठी उसकी महतारी की देह से एक छाया निकली और खप्पर लेकर नाचने लगी। जेठु को लगा मानो डाइन कोशी उसकी कोठरी में घुस आई हो और मुआवज़े के रुपयों की गड्डियाँ बहाकर लिये जा रही हो। जेठु एक झटके के साथ उठा और चीख़ने लगा—"डाइन!...डाइन!...डाइन!"

(समकालीन भारतीय साहित्य, नवम्बर-दिसम्बर, 2006 में प्रकाशित।)

हाँ, मेरी बिट्टु

उसके आते ही मेरा कमरा उजास से भर गया।

"भाई साहब! नमस्ते!...मैं अन्नी हूँ,...अन्नी।"

मुझे भौंचक पाकर वह खिलखिला उठी। फिर बहुत सहजता और विश्वास से उसने कहा—"मैं जानती थी कि मुझे अचानक अपने कमरे में पाकर आप चौंक उठेंगे।"

मैं हाथ में आईना लिये उसे निहार रहा था। मैं आईना टाँगने के लिए उचित जगह की तलाश में था। कमरे की दीवारों पर कीलें ठोकना मुझे कभी अच्छा नहीं लगा, सो पहले से ठोकी गई कीलों में से चुनाव करने में लगा था कि वह दबे पाँव कमरे में आ गई।

"आप मुझे पहचानते हैं? पहचानिए तो सही...मैं कौन हूँ?" अपनी बड़ी-बड़ी आँखों को नचाती हुई वह बिलकुल मेरे पास आ गई। उसके होंठों में मुस्कान छिपी थी। आँखों में शरारत-भरी चमक छलक रही थी।

"नहीं।" मैंने गम्भीर आवाज़ में कहा—"नहीं, हम शायद पहली बार मिल रहे हैं।"

हालाँकि अब मैं उसे पहचान गया था। उसके पीछे दरवाज़े की ओट में दीवार से सटे खड़े सुनीत पर मेरी नज़र पड़ चुकी थी। मुझे यह समझते देर नहीं लगी कि मुझे चौंकाने के लिए बनी इस योजना में सुनीत आधे मन से शामिल है।

"मेरा नाम अन्नी है।" उसने मुझे चुप पाकर अपनी बात दुहराई।

"मैं सुन चुका हूँ।...और?"

"और?...और बस मेरा नाम अन्नी है। और क्या?" वह फिर हँसी। हँसते हुए उसके दाँतों की धवल पंक्तियाँ लहरा उठीं, जैसे पंक्तिबद्ध सफ़ेद कबूतर आकाश में लहरा रहे हों।

वह कोई शरारत न कर बैठे, इस भय से उसकी खिलखिलाहट थमने से पहले सुनीत कमरे के भीतर आ गया। उसके चेहरे पर परेशानी के चिह्न थे। उसने

कहा—"सर! यह अन्नी है।...मेरी..."

"...पत्नी...बस यही बताने के लिए भीतर चले आए। थोड़ी देर और छिपकर खड़े नहीं रह सकते थे?...बुद्धु!" अन्नी का चेहरा रुआँसा हो उठा।

" अन्नी!" सुनीत ने झपटती हुई आवाज़ के बल पर उसे चुप कराना चाहा।

"भाई साहब! देखा आपने?...सारा खेल ख़राब कर दिया इसने। मेरी सारी प्लानिंग चौपट हो गई।...एक फ्रेज है न...गुड़ को ख़राब करनेवाला..."

"सारा गुड़ गोबर कर दिया इसने।" मैंने मुहावरा याद दिलाते हुए कहा।

"एक्ज़ैक्ट!...गुड़ गोबर कर दिया इसने।"

"नहीं।" मैंने मुहावरा दुहराया—"सारा गुड़ गोबर कर दिया इसने..." और हम तीनों खिलखिला उठे।

बीस-बाईस साल की दुबली-पतली, गोरी-चिट्टी,...बड़ी-बड़ी आँखों और चुहल भरी बातों वाली यह लड़की उस दिन बहुत देर तक मेरे कमरे को व्यवस्थित करने में लगी रही। वह किसी तानाशाह की तरह हुक्म देती और मैं और सुनीत दौड़कर उसका हुक्म बजाते। नृत्य सीख रही लड़की की तरह उसने अपना दुपट्टा एक काँधे से होते हुए कमर में लपेट रखा था। चेहरे पर झुक आई लटों को झटकती हुई पूरे कमरे को उसने अपनी चपल गति और बातों की गूँज से भर दिया था।

"तख़्त इधर लगेगा...यहाँ...क्योंकि यहाँ सुबह की पहली किरण आकर आपको जगा देगी और आप आलसी सुनीत की तरह देर तक सोए नहीं रह पाएँगे।...यहाँ लिखने की मेज ठीक रहेगी। सामने का सब कुछ यहीं से बैठे-बैठे देखा जा सकता है।...आम...अमरूद...और लीची के पेड़।...इन पेड़ों पर मैना चिड़ियों का झुंड रहता है। पीली चोंच वाली यह चिड़िया बहुत ढीठ होती है... मेरी तरह। सुग्गे भी आते हैं, पर डरपोक होते हैं...इस सुनीत की तरह।...और सबसे बड़ी बात यह है कि सामने का आकाश हमेशा यहाँ से देखा जा सकता है।...खुला-खुला आकाश देखकर मन में उत्साह भरा रहेगा।...यहाँ कोई बड़ी-सी तस्वीर अच्छी लगेगी।...भाभीजी की कोई बड़ी-सी तस्वीर है आपके पास?...अच्छा रहेगा...कमरे में उनकी उपस्थिति से सब कुछ भरा-भरा सा लगेगा।...और भाई साहब...यहाँ...छोटे स्टूल पर..." अन्नी के ऐसे निर्देशों और सुझावों का ताँता लगा हुआ था।

अन्नी के अनुसार सब कुछ तात्कालिक रूप से व्यवस्थित हो गया। हम लोगों ने चाय पी। चाय अन्नी ने ही तैयार की। चाय पीने के बाद उसने आदेश दिया—"आज रात का खाना आप हमारे साथ खाएँगे। ठीक नौ बजे सुनीत आकर आपको साथ ले जाएगा।...कहीं घूमने मत निकल जाइएगा।"

मेरे ऊपर उसकी साधिकार टिप्पणियों से सुनीत परेशान हो रहा था। उसने चिढ़ते हुए कहा—"अब चलो भी। सर को थोड़ी देर आराम करने दो।...शिफ्ट करने के चक्कर में सारा दिन भाग-दौड़ करते रहे हैं।...थक गए होंगे।"

"तुम घर में भी सर-सर क्या रट रहे हो?...ऑफ़िस में कहना। घर में भाई साहब नहीं बोल सकते?" उसने सुनीत पर जवाबी हमला किया। मैं बेसाख़्ता हँस पड़ा।

उन दोनों के जाते ही मेरा कमरा ख़ाली-ख़ाली लगने लगा। थोड़ी देर पहले तक उन दोनों की नोक-झोंक...अन्नी की खिलखिलाहटें...चपलता...और चिकोटी की तरह मज़ेदार चुभन देनेवाली सुनीत की बातों से यह कमरा लबालब भरा था। अचानक पूरे कमरे में उदासी पसर गई। सोने की तरह दिप-दिप दमकते अन्नी के चेहरे की आभा से भरा यह कमरा उसके जाते ही गुमसुम हो उठा।

मैं बतौर सज़ायाफ़्ता यहाँ तबादले पर आया था। उन दिनों वसंत का मौसम था और लाल फूलों से ढँके सेमल के ऊँचे दरख़्तों से यह क़स्बाई शहर पटा हुआ था। सेमल, कदम्ब और मेरे लिए अपरिचित कई तरह के जंगली वृक्षों की घनी छाँह में बेतरतीब ढंग से छोटे-छोटे महल्ले बसे हुए थे। बीच-बीच में खेत थे। धान और पाट की फसल से भरे हुए खेत। एक बरसाती नदी अपनी कई उपधाराओं के साथ शहर के बीच गुँथी हुई थी। नदी पर एक बड़ा पुल था और उपधाराओं पर छोटी-छोटी लोहे की पुलिया। इस छोटे से शहर के लैंडस्केप ने मेरे मन के भीतर कुंडली मारकर बैठे तबादले के दुःख को विदा कर दिया था। सज़ा देनेवालों के प्रति मेरे मन की कलुषता धुल गई थी। मैं उन्हें इस कृपा के लिए धन्यवाद देने लगा था। हालाँकि यहाँ आने से पहले इस जगह का जो नक्शा मेरे मन में था, उसमें कालाजार के दहशतनाक चित्र थे। मैं खीज, ऊब और इस्तीफ़ा देने की हद तक निराशा से भरा हुआ था।...इस कमरे में पहुँचते ही मन बदलने लगा। दस दिनों तक एक लॉज में रहा और फिर किराये का यह एक छोटा-सा कमरा मिला। इस कमरे को सुनीत ने ही ढूँढ़कर निकाला था। हम दोनों एक ही दफ़्तर में थे। और अब वह मेरा पड़ोसी भी था। उसकी नई नौकरी थी। वर्ष भर पहले उसने नौकरी ज्वायन की थी और कुछ महीनों पहले ही अन्नी से उसका विवाह हुआ था।

मृदुभाषी सुनीत के चेहरे से मुस्कान और दृढ़ता के मिले-जुले रंगों की आभा हमेशा फूटती रहती। अन्नी ख़ूब बोलती। चुहल करती। पूरे घर में फिरकी की तरह डोलती फिरती अन्नी और सुनीत अपनी एक टिप्पणी से उसे उलझाकर मुस्कराता रहता। अन्नी किसी नदी की वेगवती धारा की तरह बहती और वह

उसे किनारों की तरह बाँधे निश्चल पड़ा रहता। दोनों लगभग एक ही उम्र के थे। अन्नी को सुबह जागने की आदत थी और सुनीत को नींद खुल जाने के बाद भी देर तक बिस्तर पर अलसाए पड़े रहने की। अन्नी को हरी सब्ज़ियाँ पसंद थीं और सुनीत को आलू प्रिय था। सुनीत खीर और सेवइयाँ चाव से खाता और अन्नी को बाहर जाकर चाट खाना अच्छा लगता। अन्नी सारा दिन कमरे को व्यवस्थित करती और सुनीत चीज़ें बिखेरता। सुनीत बिना टोके मेरी बातें, मेरे अनुभव, मेरे क़िस्से ध्यान से सुनता और अन्नी बीच-बीच में टोकती, प्रश्न करती, अपने तर्क रखती।

हम तीनों शाम को लगभग एक ही समय घर लौटते। मैं और सुनीत दफ़्तर से और अन्नी अपना कम्प्यूटर क्लास ख़त्म कर लौटती। अन्नी नहीं आई होती, तो सुनीत मेरे कमरे में आकर बैठता। अन्नी भागती हुई सीधे मेरे कमरे में आती। हम दोनों थरमस में चाय डालकर उसकी प्रतीक्षा कर रहे होते। अन्नी पहले आ गई होती, तो मैं, सुनीत के साथ उसके घर चाय पीने के लिए रुक जाता। अमूमन हर शाम हम तीनों साथ-साथ चाय पीते। कभी-कभी अन्नी खाने के लिए रोक लेती। मैं घंटों बैठता। गप्पें मारता और फिर रात का खाना खाकर वापस घर लौटता।

खाना परोसते-खिलाते समय अन्नी पूरी तरह बदल जाती थी। वह अचानक उम्र का बहुत बड़ा फ़ासला तय करती और उसका व्यवहार बदल जाता। मनुहार, दबाव और फिर डाँट-फटकार जैसे अस्त्रों के प्रयोग के बल पर ख़ुराक से ज़्यादा खिला देना उसकी फ़ितरत में शामिल था। ऐसे अवसरों पर हम दोनों त्राहिमाम् कर उठते। मैं दोनों हाथ जोड़कर कहता—"दादी अम्मा! अब प्राण लेकर ही मानोगी क्या?"

सुनीत टिप्पणी करता—"यह फ्यूडल टेंपरामेंट है। जिस देश की नब्बे प्रतिशत जनता आधा पेट खाकर गुज़ारा करती हो, और सैकड़ों लोग जहाँ रोज़ भूख से मरते हों, वहाँ ठूस-ठूस कर खाने से बड़ा अपराध क्या हो सकता है भला!"

अन्नी उलझती और सुनीत पर जवाबी हमला करती—"जिस देश के कर्णधार बारह घंटों की नींद लें और जागने के बाद बिस्तर पर चाय पीकर ऊँघते हुए टॉयलेट में प्रवेश करें, टॉयलेट से निकलकर टी. वी. देखें, और फिर बिना शेव किए दफ़्तर भागें, उस देश का तो भगवान ही मालिक है!...क्यों भाई साहब! ऐसे देश को कौन बचाएगा?"

"तुम...सिर्फ़ तुम बचा सकती हो दादी अम्मा।" मैं चाटुकारिता करते हुए अन्नी का पक्ष लेता—"डाल दो इसकी थाली में दो रोटियाँ और...।" और फिर

गिड़गिड़ाता–"...और मेरे प्राण बख़्श दो।...तुम जानती हो...मुझे रात में लिखना-पढ़ना होता है।"

"हाँ, मालूम है मुझे। इन दिनों ख़ूब लिख-पढ़ रहे हैं आप।...आपके खर्राटों से कमरे की दीवारें दरक गई हैं। मकान मालिक जल्दी ही आपको निकाल बाहर करेगा।"

"तुमने इतना स्वादिष्ट खाना बनाना किससे सीखा?" मैं उसे फुसलाने की कोशिश करता।

"माँ से।...मेरी भाभी भी बहुत बढ़िया खाना बनाती हैं।" वह गर्व से भर उठती।

"अन्नी! तुम कम्प्यूटर में बेकार समय बरबाद कर रही हो।...तुम नौकरी कर लो। गूँगे-बहरे बच्चों के स्कूल में टीचर हो जाओ।...चीख़ती रहना...या फिर किसी होटल में शेफ़ की नौकरी कर लो।" सुनीत अपने स्वर में अतिरिक्त मिठास भरते हुए सलाह देता।

"भाई साहब! इसे मना कीजिए...यह मुझे टीज़ कर रहा है।" अन्नी मेरे सामने आकर खड़ी हो जाती।

मेरी इच्छा होती कि वह मेरे गले में बाँहें डालकर झूल जाती या मेरे वक्ष में मुँह छिपा लेती...या मैं अपनी दोनों हथेलियों में उसका चेहरा भरकर उसे दुलार करता...उसका माथा चूमता।

मैं छुट्टियों में पहली बार अपने शहर, अपने घर जा रहा था। अन्नी और सुनीत मुझे विदा करने रेलवे स्टेशन आए थे। थोड़ी देर पहले वर्षा रुकी थी। सब कुछ धुला-धुला था। पेड़ों की पत्तियाँ, सड़कें, और रेल की पटरियों के किनारे बिछे पत्थर के टुकड़े; सब नहा-धोकर जैसे किसी यात्रा पर जाने को तैयार थे। आसमान अभी साफ़ हो रहा था। बादल के टुकड़े थे, कुछ रूई की तरह सफ़ेद और कुछ राख की तरह मटमैले। सुबह के सूरज से खेलते हुए बादल के टुकड़े। रेलवे प्लेटफ़ार्म पर तफ़रीह करते हुए आर्द्र हवा के झोंके अन्नी के पल्लू और खुले बालों से छेड़छाड़ कर रहे थे। गहरे जामुनी रंग के शिफ़ॉन की साड़ी में गोरी-चिट्टी अन्नी किसी ताज़ा खिले फूल की तरह चमक रही थी। सुनीत मेरी नज़रें बचाकर अन्नी को मुग्ध-भाव से देखते हुए गम्भीर बने रहने का नाट्य कर रहा था; जैसे पंख फैलाकर बाग़ में उड़ान भरती तितली का पीछा कोई शरारती बच्चा भोलेपन के

नाट्य के साथ कर रहा हो!

"बिट्टु और भाभीजी की तस्वीरें लाना याद रखिएगा।" अन्नी दसवीं, बीसवीं या फिर सौवीं बार मुझे याद दिला रही थी।

"नहीं भूलूँगा।" मैंने मुस्कुराते हुए कहा।

"दोनों की एक साथ कोई बड़ी तस्वीर हो तो ज़रूर लेते आइएगा।...आपके कमरे में बस एक तस्वीर की ही कमी है," अन्नी बोली।

"तुम एक लिस्ट बनाकर दे दो।" सुनीत आदतन बीच में टपका।

"थैंक्स फॉर सजे़शन!" अन्नी ने निचले होंठ का बायाँ कोना टेढ़ा करते हुए उसे मुँह चिढ़ाया। फिर मुझसे कहा—"भाई साहब! सब पूरियाँ खा लेंगे।...ज़्यादा नहीं हैं।...और सामान पर नज़र रखेंगे। ऐसा न हो कि आप दिन में ही खर्राटें भरने लगें और सामान लेकर कोई चम्पत...।"

"हर स्टेशन पर नीचे नहीं उतरेंगे।...अच्छे बच्चों की तरह बिना हिले-डुले बैठे रहेंगे।" उसकी बात काटते हुए सुनीत ने व्यंग्य-भरा जुमला जड़ दिया।

"तुम चुप नहीं रह सकते?" वह बिफर उठी—"भाई साहब, इसे समझाकर जाइए।"

अन्नी ने मेरी ओर ऐसे देखा कि मैं हँस पड़ा। हँसते हुए मैंने सुनीत के लिए आदेश पारित किया—"सुनीत! मेरी ग़ैरमौजूदगी में तुम अन्नी को तंग नहीं करोगे।...इसकी हर बात मानोगे।...और सप्ताह में दो दिन इसे बाहर ले जाकर चाट खिलाओगे।"

वह झुककर बोला—"यस सर!"

और ट्रेन आने की सूचना में हम तीनों की हँसी घुल गई। दो मिनट रुकनेवाली मेल ट्रेन आई। अन्नी ने मेरे पाँव छुए। सुनीत ने दोनों हाथ जोड़कर प्रणाम किया। मैं ट्रेन में बैठा। ट्रेन खुली। हाथ हिलाते हुए अन्नी ने कहा—"भाई साहब! जल्दी लौटिएगा।"

मैं बुदबुदाया—"हाँ, जल्दी ही आऊँगा।"

मैं गया था पन्द्रह दिनों की छुट्टी लेकर और लौटा दो माह बाद। लम्बी प्रवास-अवधि गुज़ारकर घर गया था, सो पहला सप्ताह तो यूँ ही निकल गया। प्रवास के दिनों का दुःख-सुख सुनते-सुनाते इतनी भी फ़ुर्सत नहीं मिली कि यार-दोस्तों से मुलाक़ात कर सकूँ। बिट्टु दिन-रात चिपकी रहती। वह सप्ताह भर तक स्कूल नहीं गई। पत्नी ने भी स्कूल से छुट्टी ले ली थी। दूसरा सप्ताह यार- दोस्तों से मिलने-जुलने में बीत गया। फिर पत्नी बीमार पड़ी और अगले पन्द्रह दिन उसकी तिमारदारी में गुज़ारे। इस बीच अन्नी और सुनीत लगातार मेरी बातचीत में

उपस्थित रहे।

मेरे तबादले के चलते घर का ढाँचा ही चरमराने लगा था। दो जगह की गृहस्थियों का आर्थिक बोझ, स्कूल की नौकरी के चलते पत्नी से अलग रहने की विवशता...और पापा को मिस करती बारह साल की बिट्टु का दुःख। दोस्तों के सुझाव पर मैं वापसी सम्भावना तलाशने दिल्ली गया। पन्द्रह दिनों तक अपने मुख्यालय से मंत्रालय तक के चक्कर काटता रहा। माह-डेढ़ माह के भीतर तबादले की जुगत भिड़ाकर वापस लौटा। लगभग पन्द्रह दिन इसी मस्ती में गुज़रे कि ख़ुदा-ख़ुदा करके कुफ़्र तो टूटा और अब सज़ा के दिन बस ख़त्म ही होने वाले हैं। दो महीनों बाद मैं यह सोचते हुए नौकरी पर वापस लौटा कि दस-पन्द्रह दिन तो देखते-देखते कट जाएँगे और तबादले का आदेश आ जाएगा।

ट्रेन से उतरकर अपने कमरे में पहुँचते ही सबसे पहले मैंने सूटकेस खोलकर अन्नी के लिए पत्नी का दिया गिफ़्ट-पैक निकाला। भागते हुए उसके घर पहुँचा।

अन्नी के घर चुप्पी थी। दरवाज़ा खुला था। बाहरवाले कमरे में बैठा सुनीत पहले मुझे देखकर चौंका। फिर उठकर मेरा स्वागत किया। मेरी आँखें अन्नी को ढूँढ़ रही थीं।

" अन्नी कहाँ है?"

"कब आए आप?"

"अभी। बस, पहुँचा ही हूँ। अन्नी कहाँ गई?" मैं उतावला हो रहा था।

वह मुस्कुराया, एक फीकी मुस्कान। बोला—"सोई है।"

"सोई है?...अभी?...अन्नी और इस वक़्त नींद?" मैं आसमान से गिरा।

"हाँ, थोड़ी तबीयत ख़राब है। जगाता हूँ।"

"नहीं। छोड़ दो।...क्या हुआ उसे?" मैं परेशान हो उठा।

"कुछ ख़ास नहीं।...बता रहा हूँ।...पहले चाय बनाकर ले आऊँ? चाय पीते हुए बातें करते हैं। मैंने भी चाय नहीं पी है।" मेरी स्वीकृति की प्रतीक्षा किए बिना उसने उठते हुए कहा—"इतने दिनों में तो फिर भाभीजी के हाथ की बनी चाय की लत लग चुकी होगी।"

कमरे में अजीब क़िस्म की असंगता पसरी हुई थी। कोई बहुत प्रिय चीज़ खो जाने की आकुलता की छाया पूरे घर में डोल रही थी। जी किया कि भीतरवाले कमरे में जाकर सोई हुई अन्नी को एक नज़र देख लूँ या फिर झिंझोड़कर जगा

दूँ। पर मैंने अपने को रोका। सुनीत चाय लेकर आया।

हम दोनों चाय पी रहे थे। सुनीत ने बताना शुरू किया—''चिंता की कोई बात नहीं।...आप तो जानते हैं कि यह लड़की काफ़ी सेन्सिटिव है। बस, सारा प्रॉब्लम इसी सेंसिटिवनेस को लेकर है।...पिछले दिनों एबॉर्शन हो गया...।''

''कब?''

''लगभग पन्द्रह-बीस दिन हुए। दोनों अनुभवहीन।...आप थे नहीं। हालाँकि आप गए उन्हीं दिनों...आपके जाने से दो-चार दिनों पहले ही हम लोग कन्फ़र्म हुए थे। सोचा था, आपसे बातें करूँगा। अन्नी तो उसी दिन...जिस दिन कन्फ़र्म हुआ, आपको बताने चहकती हुई दौड़ी जा रही थी। मैंने डाँटा कि किसी बात को तो गम्भीरता से लिया करो, पर शायद यहीं चूक हो गई मुझसे।...बहरहाल... जब प्रॉब्लम शुरू हुआ हमलोग डॉक्टर के यहाँ गए।...वहाँ पता चला कि एबॉर्शन का केस है।...यहाँ तक तो फिर भी सब कुछ ठीक था। सेंटिमेंटल क्राइसिस था और इससे उबरा जा सकता था, पर कम्प्लीकेशंस बढ़ते गए। अल्ट्रासाउंड करवाया, तो पता चला कि ओवरी से जुड़नेवाली ट्यूब में कोई अननेचुरल ग्रोथ है।...डॉक्टर ने कहा...यह कैंसर भी हो सकता है और नहीं भी हो सकता। बस!... इसको सिर्फ़ इतना ही मालूम हुआ कि कोई ग्रोथ है और इसके दिमाग़ में घुस गया कि कैंसर ही है। दुनिया भर की फ़ालतू हेल्थ मैग्जिन्स पढ़ती रहती है। कहीं पढ़ लिया होगा कि ग्रोथ का मतलब कैंसर होता है।...कल पापा आ रहे हैं। हम लोग दो-तीन दिनों में लखनऊ चले जाएँगे। यहाँ तो इलाज की कोई सुविधा है नहीं। वहीं वायप्सी टेस्ट होगा।...फिर देखा जाएगा,...जैसी डॉक्टर की राय होगी... लखनऊ या दिल्ली में ऑपरेशन...। अब आप आ गए हैं, तो थोड़ा इत्मीनान महसूस कर रहा हूँ। कई दिनों से तंग कर रही थी कि आपको ख़बर कर दूँ। मैंने किया नहीं।...कल से एक नया मरज़ शुरू हो गया है। बार-बार पूछ रही है कि अगर मैं मर जाऊँ तो तुम दूसरी शादी करोगे?...आज सुबह नींद खुली और फिर वही सवाल। मैंने चिढ़कर कह दिया—हाँ, करूँगा...फिर तो जान देने पर उतारू हो गई। बहुत समझाया, तब जाकर थोड़ी देर पहले सोई है।''

अपने चेहरे पर एक फीकी मुस्कान चस्पाँ करते हुए सुनीत ने अपनी बात ख़त्म की। मैं उठा और भीतरवाले कमरे के दरवाज़े के पास आकर खड़ा हो गया। अन्नी सो रही थी। थोड़ी देर तक दरवाज़े के पास से उसे निहारने के बाद मैं कमरे के भीतर गया। मुझे लगा, कमरे की एक-एक चीज़ मुझसे शिकायत कर रही है कि मैं इतनी देर से क्यों लौटा। मैं उसके सिरहाने बैठा। अन्नी ने आँखें खोलकर मुझे देखा। मैंने उसके सिर पर हाथ फेरा। वह बिसूर-बिसूरकर रोने लगी। मैंने

उसका सिर उठाकर अपनी गोद में रख लिया। उसके बालों में अँगुलियाँ फिराता रहा। अन्नी रोए जा रही थी। सुनीत दरवाज़े पर निःशब्द खड़ा देख रहा था। थोड़ी देर रो लेने के बाद अपने-आप उसके आँसू थमे। अन्नी ने अपने को सहेजा और उठकर बैठ गई। बोली–"आपने तो कहा था कि जल्दी आऊँगा।"

"अन्नी! एक ज़रूरी काम से दिल्ली जाना पड़ा।" मैंने सफ़ाई दी।

"आपको मालूम है कि मुझे कैंसर हो गया है?...अगर इस बीच मैं मर जाती तो?" अपनी बड़ी-बड़ी आँखों से नाराज़गी छलकाती हुई अन्नी ने सवाल किया।

"तुम्हें कैंसर नहीं हुआ है और न हो सकता है। तुम मरोगी भी नहीं।" ज्योतिषियों की तरह मैंने दृढ़ स्वर में कहा।

"आप डॉक्टर हैं या भगवान?"

"पिछले जन्म में डॉक्टर था और इस जन्म में ईश्वर के रूप में मैंने अवतार लिया है।" मेरे इस जुमले पर खिलखिला उठी अन्नी। सुनीत भी हँसा। कई दिनों बाद परिचित खिलखिलाहट की ध्वनि सुनकर इस घर की हवा चौंक उठी।

"भाई साहब, आप मुझे बहला रहे हैं।" वह फिर उदास होने लगी। बोली–"कैंसर से कोई बचता है भला!...इस सुनीत की तो लाटरी ही खुल गई है। आज सुबह इसने मुझे धमकी दी है कि मेरे मर जाने के बाद यह दूसरी शादी कर लेगा।...ठीक है। कर लेगा, तो कर ले...पर आप उस नईवाली अन्नी को प्यार मत कीजिएगा।"

"पगली हो तुम।" मैंने डाँटा। फिर कहा–"चल उठ...देख, तेरे लिए क्या लाया हूँ।"

सुनीत बाहरवाले कमरे में रखा गिफ़्ट-पैक उठा लाया। उसे खोलकर देखा। उसमें धानी रंग की साड़ी थी। वह चहकी–"भाई साहब!...यह मेरा फ़ेवरेट कलर है। मैं इसे आज ही पहनूँगी, नहीं तो सुनीत इसे नईवाली को पहना देगा।"

अन्नी की ज़िद पर मैंने फिर चाय पी। वह मेरी पत्नी और बिट्टु के बारे में पूछती रही। बातें करते हुए अन्नी का जी नहीं भर रहा था। फिर शाम को आने का वायदा करके मैं बाहर निकला। सुनीत मेरे साथ बाहर तक आया। अचानक कुछ याद करते हुए उसने कहा–"सर! आपको बधाई!"

"किस बात की?" मैंने पूछा।

"फिर से होम टाउन में तबादले के लिए। आपके तबादले का ऑर्डर कल आया।"

"अरे, इतनी जल्दी आ गया!" मैं चकित हुआ।

"आपके आने में देर हो रही थी, तभी मैं समझ गया था कि आप ट्रांसफर

मैनेज़ करने में लगे होंगे। अच्छा हुआ। दो जगह बँटकर रहने के दुःख से मुक्ति मिली।...ठीक है सर, आप निकलिए।...आपको दफ्तर भी जाना होगा। मैं तो आज छुट्टी पर हूँ।...शाम को साथ ही खाना खाएँगे।''

हम दोनों विदा हुए। मेरे आने से पहले तबादले का आदेश पहुँच गया, यह जानकर मुझे ख़ुश होना चाहिए था, पर मन के भीतर कोई उत्साह नहीं था।

अन्नी और सुनीत लखनऊ जा रहे थे। सुनीत के पापा लेने आए थे। हम सब रेलवे प्लेटफ़ार्म पर खड़े उसी ट्रेन की प्रतीक्षा कर रहे थे, जिससे मैं अपने शहर गया था। वही दो मिनट रुकनेवाली ट्रेन। यह मेरे शहर को छूती हुई लखनऊ तक जाती थी।

नवम्बर की हलकी ठंड। झिरझिर बहती हवा और पीली धूपवाली सुबह थी। अन्नी उसी धानी रंगवाली साड़ी में थी, जिसे मैं लाया था। उस साड़ी में अन्नी को देखकर मैं कुछ ज़्यादा ही भावुक हो रहा था। मैंने अपने को भटकाने के लिए सुनीत से पूछा—''ट्रेन लेट तो नहीं है?...पता कर लिया है?''

''पता कर लिया है। लेट नहीं है।'' सुनीत बोला। एक-एक निमिष हाथी के पाँव की तरह बोझिल हो रहा था। अपने बोझिल पाँव घसीटते हुए जैसे-तैसे सरक रहा था समय। अन्नी और सुनीत के पापा पत्थर की बेंच पर बैठे थे। वह अख़बार के पन्ने पलट रहे थे और अन्नी रेल की पटरियों के उस पार फैले धान के खेतों को निहार रही थी। धीमे चलते समय की चुप्पी को तोड़ने के लिए मैंने दफ़्तर के फालतू प्रसंगों पर चर्चा शुरू की।

ट्रेन आने की सूचना सुनते ही अन्नी उठी। मेरे पास आई। मेरी बाँहें पकड़कर लगभग खींचती हुई मुझे सुनीत से थोड़ी दूरी पर ले गई। बोली—''भाई साहब, मैं जानती हूँ...यह सुनीत झूठ बोल रहा है। मुझे चिढ़ा रहा है कि दूसरी शादी कर लेगा।...मुझे कैंसर नहीं है।...मैं ठीक होकर जल्दी ही वापस आऊँगी...और तब इस सुनीत को इसकी शैतानियों का मज़ा चखाऊँगी। आप थे नहीं, उस बीच इसने मुझे खूब तंग किया है।...आप बिट्टु और भाभीजी को ले आइए। सब यहीं रहेंगे—एक साथ। बहुत मज़ा आएगा। मैं, बिट्टु और भाभीजी—तीनों मिल जाएँगे। फिर तो आप दोनों की एक नहीं चलेगी। मेरे लौटने से पहले भाभीजी और बिट्टु को ज़रूर ले आइएगा। मैं ऑफिस में फ़ोन करके अपनी वापसी की तारीख़ आपको बता दूँगी।...आप मुझे रिसीव करने आएँगे न?''

"हाँ।" बमुश्किल मेरे होंठ काँपे। मेरी आँखों की पुतलियों के नीचे छिपा समुद्र उमड़ रहा था। मैंने अपनी हथेलियों में अन्नी का चेहरा भर लिया। अन्नी ने मेरी आँखों में झाँका। बोली—"भाई साहब! आप बच्चों की तरह रोने लगे।... मुझे कुछ हुआ थोड़े ही है!...देखिए तो कितनी अच्छी लग रही है आपकी दी हुई साड़ी!...यही साड़ी पहन वापस लौटूँगी मैं।...ऐसी ही...हँसिए...।"

ट्रेन आ चुकी थी। सुनीत और उसके पापा सामान चढ़ा चुके थे। मैं अन्नी को बाँहों में सहेजते हुए ट्रेन तक लेकर गया। मेरे पाँव छूकर वह ट्रेन में चढ़ गई। चढ़ते हुए उसने फिर पूछा—"मुझे रिसीव करने आएँगे न आप?"

"हाँ, हाँ, मेरी बिट्टु...आऊँगा।" मैंने रुँधे हुए कंठ से मुस्कुराते हुए कहा।

ट्रेन खुली। विदा के लिए मेरे हिलते हुए हाथ को प्लेटफ़ार्म पर छोड़ अन्नी को लेकर ट्रेन चली गई। जाती हुई ट्रेन की आवाज़ में गुँथे अन्नी के शब्द—'यही साड़ी पहनकर लौटूँगी मैं...मुझे रिसीव करने आएँगे न आप?...' किसी लोकगायक के कंठ से फूटे गीत की आस की तरह गूँजते रहे।

अन्नी और सुनीत चले गए। मेरे तबादले का आदेश दफ़्तर में मेरी प्रतीक्षा कर रहा था और मैं अन्नी की वापसी पर उसे रिसीव करने का वचन साथ लिये लौट रहा था।

(प्रभात ख़बर, विशेषांक-2003 में प्रकाशित।)

●●●